MINISTÈRE DES FINANCES.

———

RÉGLEMENS

sur les contrôles

DES DENIERS PUBLICS.

RÉGLEMENS

SUR LES CONTRÔLES

DES DENIERS PUBLICS.

PARIS.

DE L'IMPRIMERIE ROYALE.

1832.

TABLE.

RAPPORT AU ROI

SUR LES CONTRÔLES DES DENIERS PUBLICS.

Paris, 8 Décembre 1832.

SIRE,

Mon prédécesseur m'a laissé le soin de rendre compte à Votre Majesté des mesures qu'il a prises et des dispositions qu'il a préparées pour fortifier les contrôles établis auprès des comptables publics. Je dois exposer les motifs et expliquer les conséquences des actes réglementaires et législatifs dont il m'a transmis la suite et la responsabilité. Je présenterai donc à Votre Majesté les développemens qui me paraissent nécessaires pour lui faire apprécier, dans toute leur étendue, les garanties qui doivent résulter de ces précautions. Je mets d'autant plus d'empressement à m'acquitter de ce devoir, qu'il me fournit une occasion de faire connaître les nouveaux services qui viennent d'être rendus par la longue expérience de cet administrateur.

Au moment où le déficit de l'ancien caissier du Trésor a été constaté par une vérification approfondie, une commission spéciale fut appelée, par le Ministre, à reconnaître les causes de ce détournement de fonds, et à chercher les moyens d'en prévenir le retour en procédant, sans retard, à la révision de tous les rouages du mécanisme des caisses intérieures, et à l'examen des différens contrôles exercés sur le maniement des deniers publics.

Il a été reconnu, dès le commencement de ces investigations, que ce déficit provenait de l'inexécution de la disposition des anciens réglemens qui prescrit la délivrance de recépissés à talon et leur visa, par un contrôleur spécial, pour tous les versemens effectués à la caisse centrale du Trésor. Une exception faite, en 1818, à cette règle générale, pour les sommes remises en paiement des emprunts, et dont l'effet avait été maintenu, depuis cette époque, pour les recettes de même nature, a rendu possible une infidélité qui n'aurait jamais échappé à l'action des contrôles prescrits, si elle eût été complétement appliquée.

Plusieurs autres procédés, indiqués après l'événement, auraient peut-être suppléé aux moyens sagement préparés par l'ordonnance royale du 18 novembre 1817, et des rapprochemens bien suivis entre les résultats obtenus contradictoirement par les différentes branches du ministère qui concourent à l'exécution de chaque emprunt, auraient éveillé plus tôt l'attention sur les malversations de l'ex-caissier central. Mais la liberté d'action de ce comptable si long-temps éprouvé avait été considérée comme un utile moyen de service pour le Trésor.

Au moment où s'ouvrirent en effet les premières voies de ce crédit public, dont nous avons obtenu de si grands et de si prompts résultats, on pensa qu'il ne fallait refuser aucune facilité pour accélérer et pour simplifier les relations nouvelles de la Banque, du commerce et des capitalistes avec le Trésor, et on s'attacha moins à le protéger par la lenteur salutaire des formes de comptabilité, qu'à imprimer un mouvement plus rapide à ses rapports avec le public.

Cette erreur est devenue la source d'un notable préjudice pour l'État; mais elle lui a procuré des avantages qu'il serait injuste aujourd'hui de méconnaître entièrement. Une semblable considération ne saurait être une excuse suffisante du passé : on doit néanmoins la rappeler pour affermir l'administration contre tout abandon de ses contrôles, et pour la prémunir contre le danger de sacrifier la garantie de ses règles d'ordre aux convenances particulières de ses débiteurs et de ses créanciers.

Pénétré de la pensée que le déficit de la caisse centrale n'a pu se former que par suite de la suspension temporaire et exceptionnelle des formalités exigées par les réglemens, pour toutes les recettes du caissier, mon prédécesseur a dû chercher le moyen le plus propre à mettre la fortune publique à l'abri d'un semblable dommage, et il a été conduit à reconnaître qu'il était indispensable de rendre le contrôle des versemens faits au Trésor si impérieusement obligatoire, en toute circonstance, qu'il ne fût au pouvoir de personne d'en suspendre, d'en modifier ou d'en atténuer les effets.

Le décret du 4 janvier 1808, qui n'a point été inséré au *Bulletin des Lois*, et qui n'a, dès lors, que le caractère d'un règlement administratif, a déterminé pour la première fois la forme des récépissés à délivrer en échange des fonds remis à la caisse des recettes à Paris, et chez les receveurs généraux et particuliers des finances, et a prescrit leur visa, et la séparation de leurs talons, dans les vingt-quatre heures, par un contrôleur spécial. Ces dispositions salutaires ont été constamment observées auprès des comptables des départemens, et ont si puissamment contribué à préserver l'État de toute perte sur leur gestion, qu'il n'a pas été nécessaire, pendant le cours des dix-huit dernières années, de demander un seul crédit supplémentaire pour couvrir une soustraction de recette de ces préposés extérieurs.

Une ordonnance royale du 18 novembre 1817 a rendu ce même mode applicable à tous les versemens faits à la caisse du Trésor royal, devenue, dès cette époque, le centre unique de tous les mouvemens de fonds qui se partageaient précédemment entre quatre caisses différentes. On était ainsi parvenu à soumettre à l'action de ce nouveau contrôle des opérations très-nombreuses et très-importantes.

Toutefois, aucun de ces deux actes réglementaires n'est assez rigoureusement obligatoire, ni pour l'administrateur, ni pour la partie versante ; ces dispositions ne les lient pas assez étroitement l'un et l'autre, parce qu'elles ne sont pas émanées du pouvoir législatif, qui a seul le droit d'imposer un commandement absolu à l'administration et aux tiers, réciproquement intéressés à la régularité de chaque versement.

L'expérience ayant démontré l'utilité de ce contrôle et les inconvéniens de son inexécution, on ne peut plus différer aujourd'hui d'en soumettre le principe à la sanction de la loi, et d'en étendre l'application à toutes les comptabilités publiques. En conséquence, des articles de loi et d'ordonnance ont été préparés pour autoriser l'administration à ne reconnaître et à n'admettre, comme valables et libératoires, que les récépissés délivrés selon les formes et avec les précautions spéciales préalablement déterminées par le législateur.

Cette mesure de comptabilité se rattache trop immédiatement à l'intérêt public pour que le législateur puisse refuser de prêter l'appui direct de sa décision souveraine à l'administration, qui a le plus besoin de se défendre contre toute déviation des règles conservatrices de l'ordre. Il est à la fois juste et convenable que la loi exige le concours des parties versantes pour assurer entièrement leur libération envers le Trésor, et pour garantir en même temps les contribuables eux-mêmes contre les dissimulations de recettes, dont les résultats retomberaient définitivement à leur charge.

On a jugé utile d'adopter des précautions analogues et d'en étendre l'usage ; en proposant d'assujettir les versemens faits sur les contributions directes et indirectes de toute nature à la formalité d'une quittance détachée d'un journal à souche, afin de suppléer, autant que possible, à la présence d'un contrôleur local, par le double témoignage d'un enregistrement contradictoire sur le registre et sur la pièce qui en est séparée au moment du paiement, et en présence de la partie versante.

Les moyens d'exécution de ces dispositions nouvelles ont été préparés pour tous les services du ministère des finances. On a cru aussi devoir faire l'application de ce dernier contrôle aux deniers des communes et établissemens publics. Enfin, il a paru convenable de rendre encore plus obligatoires les dispositions déjà adoptées pour soumettre les mandats et valeurs émis par le caissier et le payeur central du Trésor, à la formalité d'un talon et d'un visa préalable avant le paiement.

Ces utiles procédés, pour lesquels il est nécessaire de réclamer la sanction impérieuse de la loi, sont déjà éprouvés par une longue pratique, et ne présentent aucune difficulté d'exécution.

Après avoir vérifié la cause du déficit de l'ancien caissier du Trésor, et indiqué le moyen le plus sûr pour prévenir les dissimulations et les détournemens de recettes, il était indispensable d'examiner, dans tous les degrés de leur exécution, l'entrée, la sortie et la garde des valeurs de toute nature, entre les mains des divers préposés intérieurs du Trésor. En conséquence, mon prédécesseur a fait observer tous les mouvemens des contrôles matériels et locaux placés auprès des agens qui ont le maniement et la responsabilité des deniers, et il a voulu revoir toutes les combinaisons de la surveillance administrative exercée par les directions du ministère plus spécialement chargées de régler et de suivre l'action des comptables.

Cette marche, qui était naturellement indiquée par l'objet principal de ce travail d'examen, a été également adoptée par la commission d'enquête de la Chambre des Députés, qui s'est dirigée, par les mêmes voies, vers le but que le Ministre a cherché à atteindre avec elle, en s'aidant de ses recherches et de ses utiles avertissemens. Les points qu'elle a recommandés à l'administration ont donné lieu à des discussions approfondies, et tous les efforts ont été dirigés de manière à répondre aux idées d'ordre sur lesquelles elle appelait l'attention du Gouvernement dans les termes ci-après de son rapport :

» La Chambre croira sans doute avec nous qu'il serait bon que la commission » créée par l'arrêté du Ministre des finances, du 22 février dernier, portât spé-» cialement son attention sur les dispositions suivantes :

» Rechercher des garanties contre les chances de détournement que peut ren-» contrer le recouvrement des valeurs de portefeuille que le Trésor encaisse » lui-même ;

» Prendre des précautions efficaces contre la facilité qu'a le caissier de disposer » de tout ou partie des encaisses ;

» Ordonner que les caisses et sous-caisses soient soumises à des vérifications plus » fréquentes, dont les époques ne soient pas connues à l'avance, et, pour ainsi » dire, périodiques ;

» Assujettir les pièces des dépenses, acquittées par le caissier et le payeur » central, à des contrôles et des vérifications qui en prouvent l'existence et la » régularité ;

» Rattacher la comptabilité de la dette inscrite à la direction du mouvement » général des fonds (pag. 51), ou de la comptabilité générale (*Exposé*) ;

» Soumettre à l'avenir la délivrance des rentes négociées à des formes telles, » qu'elles ne puissent être créées et transférées que contre la preuve que le Trésor » a été mis réellement en possession des valeurs qu'elles doivent représenter ;

» Enfin régulariser, compléter et étendre la puissance du contrôle, de manière » qu'il saisisse toutes les opérations du Trésor sans aucune exception. »

La commission d'enquête ajoute encore que ce qui l'a frappée le plus vivement, c'est la nécessité de lier davantage entre elles toutes les divisions du ministère, et de ramener les chefs de service à un centre commun.

Ces indications, sans rien changer à la nature des travaux commencés, ont rendu plus obligatoire une révision nouvelle et spéciale de chacun des services et des contrôles du Trésor. Il me semble indispensable d'analyser ici chacune des parties de cet ensemble d'administration et de comptabilité, et d'expliquer, dans leurs diverses dispositions, les arrêtés spéciaux et les ordres de service qui viennent de fixer, avec précision, les devoirs des divers agens d'exécution : je présenterai donc successivement les motifs des changemens dont l'organisation actuelle a paru susceptible. J'ajouterai, en même temps, qu'aucune modification nouvelle n'a été adoptée qu'après une discussion approfondie, et que, toutes les fois qu'il se présentait quelque incertitude sur une question, plusieurs délégués du Ministre ont reçu la mission spéciale de vérifier les faits sur place, et d'en expliquer les conséquences dans des rapports particuliers, dont les conclusions étaient débattues avant d'être approuvées. Enfin, toutes les opinions émises, toutes les remarques présentées et tous les résultats de ces investigations, ont été consignés dans des procès-verbaux détaillés qui servent de développement et de pièce justificative aux propositions qui vous sont soumises, et aux mesures d'ordre intérieur qui ont déjà été adoptées.

CAISSES INTÉRIEURES DU TRÉSOR.

(Caissier central et payeur principal.)

Les divers réglemens qui ont été rendus, avant et depuis 1814, sur le service des caisses intérieures du Trésor, ont été soigneusement examinés, et ils ont été jugés dans leur application aux actes de la gestion du caissier central, soumis eux-mêmes, dans tous leurs détails, à une description circonstanciée. C'est à la suite de cette révision scrupuleuse que l'on est parvenu à se rendre un compte exact de l'état primitif de ce service, de sa situation présente, des modifications qu'il a successivement reçues, et des améliorations qu'il réclamait encore.

Il a été reconnu que l'ordonnance du 18 novembre 1817, qui avait centralisé, dans une seule caisse, les nombreuses opérations suivies autrefois séparément par la caisse des recettes, la caisse des dépenses, la caisse générale et la caisse de service, avait été l'un des progrès les plus importans de l'administration vers l'ordre et l'économie. L'effet de cette mesure a été de faire rentrer entièrement dans le sein du Trésor, en conservant les procédés simples et rapides du commerce et de la Banque, le mouvement général des fonds de l'État, exécuté jusqu'alors en dehors des formes rigoureuses de la comptabilité publique.

La simplification des écritures et les nouveaux moyens de surveillance qui ont été le résultat de ce perfectionnement de notre système de comptabilité, ont procuré des avantages notables pour le réglement des conditions et des frais du service de trésorerie, ainsi que pour l'exactitude et la clarté des comptes. Mais il était impossible de réaliser tout-à-coup un aussi grand changement, sans obéir encore, sur quelques points, à l'empire des préventions qui existaient alors dans le public, chez les comptables et au sein même du ministère des finances, soit contre la lenteur des formalités administratives, soit contre les exigences de la cour des comptes. On parvint cependant à satisfaire, autant que possible, aux obligations nées de ce nouveau mode de service, en conservant avec soin toutes les précautions antérieures, en les fortifiant davantage, et en y ajoutant des contrôles et des justifications plus sévères. L'expérience du passé semblait devoir offrir une entière sécurité contre des pertes qui avaient été précédemment évitées, sous un régime moins rigoureux. Mais les moyens qui avaient si bien réussi, avant que les chances de la Bourse n'eussent éprouvé la fidélité des comptables, devinrent insuffisans avec le développement de ce marché, à mesure qu'il offrait plus d'appât à la cupidité.

Le déficit du caissier Mathéo exigea bientôt des mesures plus rassurantes que celles qui avaient été la suite de l'ordonnance du 18 novembre 1817 ; l'action du contrôle spécial que cette ordonnance avait créé se rapprocha davantage de la naissance et du terme des operations, et les suivit plus immédiatement dans tous leurs degrés. Cette dissimulation de recette avait été pratiquée à l'aide d'un retard dans les enregistremens des envois d'espèces faits au Trésor par les receveurs généraux : on ordonna l'envoi direct à la banque de tout le numéraire que ces comptables avaient à transmettre à Paris, et on restreignit l'importance habituelle des fonds en caisse.

L'administration, s'étant ainsi mise à l'abri de ce genre de danger, espérait n'avoir plus à en redouter un autre, et pouvait sans doute appréhender de compromettre la bonne exécution de l'important service des fonds par des précautions trop multipliées.

Éclairé par un événement récent, qui n'admet plus aucune considération morale dans la prévoyance administrative, et qui ne permet aucune restriction dans l'exercice rigoureux des contrôles, mon prédécesseur a pris, le 24 juin dernier, un arrêté qui détermine, dans tous ses détails, la marche du service de la caisse centrale du Trésor. L'exécution de ce réglement n'aapporté aucune gêne ni aucune entrave dans les rapports du Trésor et des nombreuses parties qui ont des relations si variées avec ses comptoirs de recette et de paiement. Ces dispositions plus rigoureuses ont été exactement suivies sans amener aucun embarras ni aucun retard dans les différentes opérations du comptable.

Cet arrêté fixe le nombre et la nature des caisses secondaires; il établit entre elles la répartition du travail, et il en attribue la direction, la surveillance et la responsabilité au caissier central, sous toute réserve vis-à-vis de ses délégués, et sauf son appel et son recours, s'il y a lieu, dans les formes suivies par tous les autres dépositaires des deniers publics. Cette responsabilité est maintenant garantie par un cautionnement en numéraire de 300,000 fr., en vertu d'une ordonnance royale du 27 mai dernier.

Les relations de la caisse avec les diverses parties du ministère sont tracées dans cet arrêté de manière à ne plus laisser aucun doute sur les devoirs réciproques du comptable et des autres chefs de service.

Toutes les entrées et toutes les sorties de valeurs sont immédiatement constatées par un contrôleur placé auprès de chaque comptoir. On a cru même nécessaire d'introduire l'un de ces préposés dans l'intérieur de la sous-caisse centrale, et de lui faire suivre les mouvemens de fonds qu'elle opère avec les autres sous-caisses, pendant le cours de la journée. On a voulu aussi que le contrôleur en chef fût dépositaire d'une seconde clé de la caisse principale; qu'il fût présent, le matin et le soir, à l'ouverture et à la fermeture des coffres, et qu'il reconnût et certifiât par sa signature l'exactitude des soldes matériels, au commencement et à la fin de chaque journée. Il a été en même temps arrêté que ces soldes ne devaient se composer que de valeurs actives, et que toute exception à cette règle serait à l'instant même signalée par le contrôle à l'attention du Ministre.

De même que tous les récépissés et reconnaissances seront désormais soumis, sans exception, au visa du contrôle, au moment du versement, chaque pièce de dépense sera également visée et frappée d'un timbre, au moment de la remise des fonds à la partie prenante.

Enfin, on a rappelé par un article formel que, indépendamment de la vérification faite chaque soir par le contrôleur en chef, des vérifications partielles ou générales devaient être opérées fréquemment et à des époques indéterminées.

Il a été ainsi satisfait aux vœux exprimés par la commission d'enquête, sur la trop grande facilité laissée précédemment au caissier du Trésor pour disposer de son encaisse, sur la nécessité de soumettre ses paiemens à une vérification plus prompte, et sur l'utilité de faire souvent et inopinément inspecter les diverses parties de sa gestion.

Il reste à examiner plusieurs autres objets pour lesquels des explications parti-culières sont indispensables.

Le premier point est relatif aux effets de portefeuille : il a été réglé qu'à leur arrivée, ces valeurs seraient contrôlées, au moment de l'ouverture des paquets, par les avis préalables d'envoi donnés au directeur du mouvement général des fonds, et par les bordereaux de chargement de la poste. Quant à leur sortie, si elle s'effectue, avant l'échéance, pour les escomptes, ou pour les renvois aux rece-veurs-généraux, elle ne doit avoir lieu qu'en vertu d'ordres précis de l'administra-tion et dont l'exécution est surveillée par le contrôle ; si les effets sont recouvrés à l'échéance par les soins directs du caissier, ils entrent, le jour même de leur mise en recouvrement, dans le solde numéraire du sous-caissier des recettes en espèces, qui s'en charge au moment où le portefeuille s'en dessaisit. Ce double mouvement est en outre constaté par le contrôle. Ces précautions ont paru suffisantes pour éviter tout détournement et tout abus de ces valeurs à terme.

Maintenant il se présente une autre question, qui se lie aux détails précédens, et qui a occupé aussi l'attention de la commission d'enquête : elle consiste à savoir s'il est convenable de réclamer des cautionnemens des sous-caissiers et des garçons de recette. Les considérations suivantes ont fixé la décision du Ministre des finances.

Les sous-caissiers ne sont pas comptables directs du Trésor, ni de la Cour des comptes ; ils sont les agens d'exécution du caissier central, et n'opèrent qu'en son nom et sous sa responsabilité. Ce serait affaiblir cette principale garantie, ce serait porter atteinte à l'autorité de ce comptable unique, que d'exiger un gage direct de ses subordonnés, pour des actes auxquels ils ne participent qu'en vertu de la délégation de ce chef de service, qui a seul reçu de l'administration une mission officielle, et qui est tenu de lui en répondre personnellement dans toutes ses parties.

Ces motifs généraux se fortifient encore de cette circonstance particulière, que les sous-caissiers n'ont pas la manutention réelle des espèces, et que les comptoirs ne restent jamais dépositaires d'aucune somme, puisqu'à la fin de chaque journée, et plus souvent encore suivant la volonté du caissier central, ils se dessaisissent des fonds qui n'ont été confiés que momentanément à leur garde.

Les garçons de recette, qui ont en effet le maniement des valeurs, ne les conservent que très-peu de temps entre leurs mains ; les garanties que l'on pour-rait leur demander, d'après leurs appointemens actuels et leur position ordinaire de fortune, ne pourraient pas être proportionnées à l'importance des fonds qui sont temporairement à leur disposition; enfin, en admettant une infidélité, le Trésor ne pourrait exiger de ces subordonnés qu'une garantie insuffisante qui lui imposerait une augmentation réelle de traitemens en faveur de ceux qu'il aurait grevés de la charge onéreuse d'un cautionnement illusoire.

Après avoir distribué toute l'exécution des différens services de la caisse centrale entre les sous-caissiers, sans en réserver aucune partie à l'action personnelle du caissier central, on s'est demandé s'il était convenable de lui défendre expressément, et par un article formel, toute participation directe dans les opérations matérielles de l'entrée et de la sortie des fonds. Une semblable interdiction a paru dépasser les bornes d'une prudence éclairée, et blesser à l'égard du comptable les règles de la justice : l'entière indépendance que réclame l'exercice de sa surveillance continuelle sur un service aussi important, soit dans son propre intérêt, soit dans celui de l'administration, se trouverait gravement atteinte par la rigueur de cette mesure; la ponctualité du service pourrait quelquefois en souffrir par suite des absences inévitables de certains agens dont le remplacement alarmerait sa confiance, s'il ne conservait pas la faculté d'y pourvoir par lui-même; enfin, lorsque c'est lui seul que l'administration reconnaît dans la gestion de chacun de ses subordonnés, pourrait-elle s'opposer avec équité à ce qu'il prît l'initiative de l'exécution, dans les occasions où cette exception est commandée par des motifs d'urgence qui se rattachent à sa responsabilité ou à l'exactitude du travail! D'ailleurs, les dangers qui auraient pu résulter autrefois de cette liberté d'action laissée au caissier du Trésor, ne se trouvent-ils pas prévus et écartés par l'intervention constante du contrôle, et par les dispositions qui rendront obligatoires, pour le Trésor et pour les parties, le visa immédiat des pièces de recette et de dépense, et enfin par celles qui ont renfermé dans leur véritable sphère tous les mouvemens de ce grand comptable!

L'émission des bons royaux a été l'objet de la plus sérieuse attention. Il a été reconnu que les versemens faits par les particuliers, pour obtenir ces valeurs, ne présentaient pas un caractère distinct de ceux qui sont effectués à tout autre titre: que ces versemens sont saisis par le contrôle, au moment même où ils sont opérés, au moyen du visa qui est apposé sur les récépissés et de la séparation immédiate de leurs talons; que, si les bons délivrés en échange de ces récépissés prennent un autre caractère, *lors de leur émission*, ils sont entourés des garanties qui doivent accompagner des engagemens d'une nature aussi importante, puisque avant la consommation de leur échange et avant leur délivrance, le contrôleur est tenu d'en vérifier la conformité, non-seulement avec la pièce justificative de la recette, mais encore avec la recette matérielle, de les viser, d'en détacher le talon, et de les frapper d'un timbre sec.

Il est nécessaire d'ajouter, en terminant le travail relatif à la caisse centrale, que mon prédécesseur a fait revoir avec soin tous les procédés à suivre pour les emprunts de l'État. Ceux qui ont été contractés par le ministère de l'intérieur, pour les canaux et autres travaux extraordinaires, et dont le caissier du Trésor échange les titres, ont donné lieu à plusieurs rectifications de détail qui garantiront davantage pour l'avenir la régularité de ce service spécial.

Les emprunts négociés en rentes ont été soumis à l'empire des principes et des règles tracés dans l'arrêté que nous venons d'analyser, et dans ceux que nous allons examiner à sa suite. Aucune dissimulation de recette ne pourra plus menacer le Trésor sur cette nature d'opérations, soit que les versemens des parties s'opèrent par anticipation, ou à l'échéance des termes des traités; et pour donner à cet égard une plus grande sécurité, un arrêté spécial, rendu le 4 août 1832, a prévu et réglé tous les détails d'exécution et de contrôle de la rentrée des fonds et de l'émission des rentes du dernier emprunt.

Après la réforme des comptables d'ordre et la suppression des quatre payeurs généraux, qui se partageaient autrefois le service et la comptabilité des dépenses du Trésor, l'acquittement des ordonnances à Paris avait été confié à deux payeurs principaux, et la vérification de tous les acquits avait été attribuée à un directeur des dépenses : ces premières simplifications, consacrées par une ordonnance du 18 novembre 1817, avaient déjà considérablement réduit les frais et le travail de l'administration.

Une ordonnance du 27 décembre 1823 a complété ces économies et ces premières améliorations du mécanisme des caisses et du système des écritures, en rattachant le contrôle des résultats et des pièces justificatives à la comptabilité générale des finances, et en chargeant un payeur unique de tout le service matériel des paiemens à faire à Paris.

Ces notables changemens, exécutés à différentes reprises, sur la distribution du travail et sur l'organisation administrative, avaient laissé quelques points incertains dans la marche actuelle des opérations du nouveau comptable et dans ses rapports avec les autres parties de l'administration. Chacun des procédés suivis par le payeur central du Trésor a été discuté, et il a été ensuite rendu un arrêté qui règle définitivement la nature de ses fonctions et sa véritable situation dans le ministère. Ces dispositions, qui ont été prises le 25 juillet dernier, ont été soumises à une épreuve de plusieurs mois, et ne présentent aucune difficulté d'exécution.

Par cet arrêté, se trouvent confirmés, à l'égard de ce comptable, les règles et les principes de responsabilité qui sont applicables à tous les préposés du Trésor : il est placé vis-à-vis des différentes directions des finances dans une position absolument semblable à celle des payeurs extérieurs, pour les obligations de son service, la forme de ses écritures et de ses comptes, et pour les renseignemens qu'il est tenu de fournir périodiquement aux divisions administratives, et aux divers ordonnateurs qui ont avec lui des relations habituelles.

Les mandats à talon qu'il est autorisé à délivrer sur le caissier du Trésor, au profit des parties prenantes, ne seront désormais payables par ce dernier comptable qu'après avoir été revêtus du visa d'un contrôleur spécial placé auprès de chaque bureau de paiement, et qui est chargé, dans l'intérêt de l'administration, de vérifier et de constater l'existence régulière des ordonnances et des titres justificatifs des droits de chaque créancier, avant de détacher le talon et de remplir la formalité préalable de ce visa, qui peut seule rendre le mandat valable et définitivement exigible.

Ce mode de contrôle, précédemment exercé par le payeur lui-même, dans l'intérêt de sa propre responsabilité, a été fortifié et complété dans tous ses détails d'exécution, au moment où il a été reconnu nécessaire d'en restituer la garantie à l'administration. Son adoption aura pour effet de prévenir toute sortie de fonds qui ne serait pas applicable à l'extinction d'une dette de l'État matériellement démontrée et contradictoirement reconnue, par la double vérification d'un payeur responsable et d'un agent administratif dont le contrôle s'exerce, avant le paiement, sur le mandat de l'ordonnateur, sur les titres du créancier et sur la gestion du comptable.

Les nouveaux gages de sécurité que cette mesure doit offrir, pour la régularité du service, ont paru suffisans pour dispenser le payeur central de l'obligation imposée aux préposés des départemens, d'envoyer chaque mois toutes les pièces de dépense à la comptabilité générale des finances. La surveillance administrative qui doit s'exécuter, à l'avenir, au moment même de la remise des fonds entre les mains des parties prenantes, valablement reconnues et admises,

a semblé assez rassurante pour ne point réclamer le travail considérable et dispen-
dieux qu'occasionerait un second examen de chaque opération et de chaque
pièce justificative. On a satisfait d'ailleurs à toutes les exigences de l'ordre et
au maintien de l'uniformité des méthodes, en assujetissant le payeur central à
des vérifications partielles d'inspecteurs, qui pourront éclairer le Ministre, toutes
les fois qu'il le jugera convenable, sur l'exactitude apportée par le comptable dans
l'exécution des réglemens généraux relatifs aux formes de la comptabilité et à
la nature des justifications prescrites par l'ordonnance du 14 septembre 1822.

CONTROLES MATÉRIELS PRÈS DES CAISSES INTÉRIEURES
DU TRÉSOR.

Le contrôle immédiat et permanent de toutes les recettes, dépenses, conversions de valeurs et opérations de banques exécutées à Paris par les caisses centrales du Trésor, n'a été établi que depuis l'ordonnance du 18 novembre
1817.

Avant l'année 1818, les mouvemens de fonds les plus importans et les plus
nombreux n'étaient point justifiés à la Cour des comptes, et n'entraient pas dans
les écritures centrales du ministère; tous les résultats du service de trésorerie
étaient constatés par les formes commerciales suivies dans un établissement particulier placé auprès des anciennes caisses du Trésor public ; des vérifications
fréquentes, des situations journalières et contradictoires étaient les seuls moyens
de surveillance des administrateurs de cette banque de l'État.

Mais, au moment où la loi du 25 mars 1817 eut agrandi les devoirs du ministère des finances et posé les bases de la comptabilité publique, on sentit la
nécessité de rassembler, dans les mains d'un seul caissier, la gestion trop compli-
quée des quatre comptables précédens, de livrer la totalité de leurs opérations
au jugement de la Cour des comptes, de les comprendre toutes, sans retard et
sans exception, sur le grand-livre de la comptabilité générale, et de les exposer,
avec fidélité, dans les comptes annuels présentés aux Chambres.

Cette centralisation des fonds dans les mains d'un seul agent responsable
envers l'administration et justiciable de la Cour, devait conduire à l'institution
de contrôles plus sévères et plus prompts que ceux qui avaient été antérieurement pratiqués sur les divers préposés entre lesquels se trouvaient réparties

les nombreuses attributions réunies sur un comptable unique. On créa donc un contrôleur spécial auprès de la caisse centrale, et on le chargea de constater, par son visa préalable et par ses enregistremens successifs, tous les faits qui engageaient ou dégageaient la responsabilité du nouveau caissier.

Le mécanisme de ce contrôle local reçut sa première organisation d'un arrêté du 21 novembre 1817; mais, quoiqu'on eût ajouté aux précautions antérieures des formes encore plus rigoureuses, ce nouveau mode de surveillance ne fut pas exempt des imperfections que l'expérience pouvait seule révéler. Les améliorations qu'il a successivement reçues ont déjà été rappelées. Il me paraît devoir se compléter par les dispositions d'un arrêté pris le 24 juin dernier, et dont l'objet est de consacrer les anciens et les nouveau procédés destinés à contrôler les mouvemens de fonds de toute nature de la caisse centrale.

Il a été jugé indispensable de placer un préposé du contrôle auprès de chaque comptoir de la caisse du Trésor, et même d'en faire pénétrer un dans l'intérieur de la sous-caisse centrale. Aucune entrée, aucune sortie de fonds, aucune conversion, aucun échange de valeurs, ne devront plus s'opérer, pour quelque motif que ce soit, qu'avec le visa et l'enregistrement préalables de ce délégué de l'administration. Le caissier du Trésor et chacun de ses agens ne pourront plus exécuter une seule opération que sous les yeux d'un témoin contradicteur. On a déterminé avec précision la place et les devoirs de ces divers contrôleurs auprès des huit comptoirs qu'ils sont tenus de surveiller, sans interruption, depuis l'ouverture jusqu'à la clôture des caisses ; enfin, pour éviter toute incertitude sur les formalités à remplir dans les différens cas qui doivent se présenter, un réglement général, annexé à l'arrêté d'organisation, trace avec détail la marche à suivre dans tous les degrés de l'exécution de chaque fait particulier.

Ainsi que l'a déjà expliqué le chapitre précédent, il a semblé nécessaire de compléter le contrôle des caisses du Trésor en y rattachant celui qui doit être exercé sur le payeur central, par des dispositions qui ont été adoptées le 20 mai dernier, et qui ont eu pour effet de répartir onze contrôleurs spéciaux entre les trois bureaux chargés d'acquitter les ordonnances des ministres et les huit bureaux de paiement de la dette publique. Les développemens déjà présentés démontrent suffisamment l'utilité de l'intervention de ces agens pour mettre l'administration à l'abri de tout emploi irrégulier des deniers publics, par le visa et l'enregistrement préalables qu'ils sont tenus d'exécuter, pour chaque paiement, après examen des mandats à talon du comptable, des ordonnances ministérielles, et des pièces destinées à justifier les droits des créanciers de l'État.

A l'aide de ces moyens rapides et matériels de contrôle, l'administration parviendra à assurer la régularité de tous les actes de la gestion de ces deux grands comptables, et elle procurera la garantie qui importe le plus à la fortune publique, en rendant impossible, pour l'avenir, toute dissimulation de recette et toute fausse déclaration de dépense. En effet, les opérations de chaque journée sont saisies, au fur et à mesure de leur exécution, par une surveillance permanente et locale, qui ne laissera plus aucune chance à l'erreur et à la fraude.

Afin de fortifier encore ces premières précautions par la combinaison et le rapprochement de leurs nombreux résultats, un contrôleur en chef, placé à la tête de ce service spécial, est chargé de diriger l'action régulière et uniforme des contrôleurs délégués par lui, dans les différens postes où leur surveillance doit s'exercer, et de recueillir, à la fin de chaque séance, leurs feuilles d'enregistrement et les talons qu'ils ont détachés des récépissés et autres valeurs émises par le caissier du Trésor et le payeur central.

Le résumé de ces divers documens et des pièces qui y sont annexées, lui fait connaître exactement, avant la clôture journalière de la caisse centrale, la totalité des mouvemens opérés en recette et en dépense par les caisses subordonnées, et lui indique avec certitude le solde qu'il doit trouver entre les mains du caissier central, au moment même où il va procéder à la reconnaissance matérielle des espèces.

Il est également en mesure de s'assurer, par la réunion de ces pièces au point central où il est placé, de l'exactitude des opérations journalières effectuées par le payeur, en récapitulant les feuilles et les talons de mandats qui lui sont remis, avant quatre heures, par les sous-contrôleurs, et en comparant leur total général avec le récépissé souscrit, au nom du caissier central, pour le montant de tous les fonds remis aux créanciers. Enfin le contrôleur en chef ne doit viser ce récépissé cumulatif qu'après avoir reconnu son entière conformité avec le montant des sommes partielles indiquées sur les relevés et dans les talons qu'il a reçus de ses onze contrôleurs particuliers. L'échange de tous les mandats acquittés contre ce titre unique de décharge ne se consomme, entre le caissier et le payeur, qu'après que l'identité des remises de l'un et des emplois de l'autre a été confirmée et reconnue par ce dernier rapprochement.

Ainsi, tous les faits de la gestion de ces deux comptables sont suivis et contrôlés pendant le cours de leur exécution, et la situation réelle de chacun de ces principaux agens est authentiquement fixée à la fin de chaque journée.

Il a été reconnu, après une discussion approfondie de la nature et du but du contrôle des caisses centrales du Trésor, que si ce travail rentrait en principe dans les attributions de la direction du ministère qui est le plus spécialement appelé à vérifier et surveiller la gestion des comptables, il était convenable de ne point faire peser sur le chef de la comptabilité générale des finances la responsabilité d'une surveillance locale qu'il ne peut pas exercer lui même ; on a pensé qu'il était juste et utile que la personne chargée de diriger cet important contrôle reçût sa mission du Ministre seul, et en répondît, sans intermédiaire, au chef de l'administration ; que ses devoirs deviendraient alors plus impérieux ; que sa sollicitude serait entretenue par un sentiment plus profond des obligations directes qu'il aurait à remplir. En conséquence, il a été décidé que le Ministre choisirait et placerait lui même cet agent administratif auprès des caisses intérieures du Trésor. Mais on a reconnu en même temps qu'il pourrait y avoir des inconvéniens, pour la régularité et l'exactitude du service, à borner la mission de ce contrôleur en chef à un exercice annuel et alternatif ; et que la continuité d'action était ici une condition essentielle du maintien des règles tracées et du perfectionnement de leur application. L'habitude seule doit faciliter et assurer chaque jour davantage les bons résultats de ce mécanisme de contrôles matériels. Il a été enfin statué qu'il ne fallait pas, pour cet emploi, circonscrire le choix du Ministre dans le personnel de l'inspection des finances, qui, d'ailleurs, n'est point ordinairement appelé à remplir des fonctions sédentaires. Cette modification à l'art. 8 de l'ordonnance du 18 novembre 1817 est soumise à la sanction de Votre Majesté.

On a cru nécessaire de lier étroitement l'action journalière du contrôleur en chef, dans tous les détails d'exécution, par un réglement particulier qui fixe chacun de ses mouvemens, et qui doit rester invariable dans ses dispositions comme dans son application, jusqu'à ce qu'une modification nouvelle, concertée entre le contrôleur et les directions compétentes, ait été consacrée par une approbation expresse du Ministre. On est ainsi parvenu à éviter toute déviation des règles prescrites, et toute aberration abusive dans le système de surveillance établi. Enfin on a maintenu l'obligation, pour le contrôleur en chef, de remettre au Ministre une situation journalière des caisses, et de fournir à toutes les directions administratives les renseignemens et résultats qui pourraient être nécessaires à la suite de leurs travaux.

CONTROLES DES COMPTABLES ET DES DEPOSITAIRES DE TITRES DANS LES DIRECTIONS DU MINISTÈRE.

Après avoir achevé la révision de l'organisation des caisses intérieures du Trésor et des contrôles matériels institués auprès d'elles, il convient encore d'examiner les diverses parties de l'administration des finances qui sont chargées de créer, de recevoir, de remettre et de conserver des valeurs ou des titres de créances.

L'arrêté qui a posé les bases du contrôle des débets et créances litigieuses à recouvrer à la diligence de l'agence judiciaire, avait été rendu le 14 décembre 1826. Les dispositions plus étendues qui ont été adoptées par mon prédécesseur ont pour objet de préciser davantage les principes qui doivent régir cette partie du service, d'en développer l'application, et de préparer plusieurs nouvelles mesures d'ordre indiquées par l'expérience.

Un projet d'ordonnance royale, que je présente à l'approbation de Votre Majesté, fixe, d'une manière certaine et explicite, la responsabilité des comptables chargés de la perception d'un rôle ou de tout autre titre de recette; il indique ensuite les formalités qui peuvent seules assurer la décharge régulière de ces préposés et détermine en principe les cas où ils deviennent personnellement débiteurs de l'État, et où ils doivent être immédiatement soumis aux poursuites du Trésor. Cette dernière partie a fait la matière d'un arrêté ministériel destiné à tracer la limite qui sépare la gestion courante de chaque receveur de sa situation de comptable en débet, et à fixer le point où doit cesser l'intervention du directeur de chaque service particulier et commencer l'action de l'agent judiciaire.

La comptabilité générale est tenue d'assurer l'effet de cette règle d'ordre, en mettant la direction du contentieux en possession des résultats qui lui appartiennent, au moment même où les écritures officielles des comptables ont révélé l'existence des débets. La comptabilité des finances établit ainsi, par ses propres moyens, cette partie de l'actif litigieux du Trésor, et reçoit successivement des ministères et administrations publiques la notification des diverses créances dont le recouvrement doit être poursuivi par les soins du directeur du contentieux.

Elle est, dès-lors, à même de dresser le rôle général des titres de créances remis à ce chef de service; elle a en outre une connaissance directe et entière des versemens faits par les débiteurs dans toutes les caisses du Trésor; elle reçoit aussi l'avis périodique des changemens que la marche des liquidations fait éprouver au chiffre primitif des créances, et enfin le secrétariat-général lui adresse les ampliations de toutes les déclarations de caducité régulièrement prononcées qui réduisent les sommes à recouvrer. Ainsi cette direction se trouve en état de suivre, depuis l'origine jusqu'à son terme, le sort de toutes les créances litigieuses dont elle débite et crédite successivement l'agence judiciaire du Trésor, sur des titres certains et réguliers. Aucun accroissement, aucune diminution de cette partie de l'actif ne peuvent échapper au contrôle qu'elle exerce, et les situations qu'elle établit à toutes les époques offrent des résultats complets, dont le rapprochement, avec ceux que présentent les livres de la direction du contentieux, donne une entière sécurité à l'administration. Chaque mois, les mouvemens et les soldes de ces débets sont constatés contradictoirement entre les deux directions. Ces comparaisons démontrent la régularité constante des écritures et des contrôles réciproquement suivis; à la fin de l'année, un état général, dressé par la direction du contentieux et vérifié sur pièces par la commission formée en exécution de l'ordonnance du 10 décembre 1823, présente par articles l'actif à recouvrer au 1er janvier, les augmentations et les diminutions survenues pendant l'année et les restes à recouvrer au 31 décembre, avec la distinction des créances bonnes, douteuses et irrécouvrables. Ces renseignemens administratifs, dont l'extrait est publié dans le compte général des finances, sont accompagnés de développemens et d'explications détaillées sur les motifs de chacune des appréciations, et peuvent se démontrer, au besoin, par l'examen des dossiers formés pour chaque affaire et indiqués en regard de chaque résultat. Ce bilan annuel de toutes les ressources éventuelles, dont le mouvement est suivi par l'agence judiciaire, ne doit donc laisser aucune incertitude sur la situation des différens débiteurs sur la suite des rentrées et sur la conservation des titres de cet actif litigieux.

Néanmoins on a cru devoir ajouter à ces moyens d'ordre une disposition spéciale qui prescrit la tenue d'un registre particulier destiné à constater l'entrée et la sortie des effets et autres valeurs remis à l'agence judiciaire et envoyés par elle à ses divers correspondans. Afin de faciliter la vérification de ces résultats, il a été réglé que chaque compte ouvert indiquerait le lieu où se trouve déposée la valeur elle-même, ou la correspondance qu'elle a nécessitée. Il a également été reconnu utile de faire cesser l'usage de la délivrance des duplicata de récépissés qui étaient précédemment adressés par les comptables à la direction du contentieux, et l'on a substitué à ces doubles titres, dont il était possible d'abuser, de simples déclarations de versemens.

On a vérifié aussi que les livres tenus pour suivre le mouvement des titres de créances résultant d'arrêts de contraintes ou d'obligations notariées étaient suffisans pour maintenir l'ordre dans cette partie de la comptabilité et pour prévenir tout adirement de ces pièces, dont, au surplus, le renouvellement ne serait pas difficile.

L'attention s'est fixée sur le service des oppositions : on avait eu d'abord la pensée de soumettre cette partie à l'action d'un contrôle matériel ; mais il a été démontré que ce genre de garantie était inapplicable à la nature toute spéciale de ce service.

On a remarqué d'ailleurs qu'une table alphabétique, ou répertoire mobile des oppositions, facilitait les recherches, et il a été jugé convenable que le Ministre fît quelquefois vérifier, par un inspecteur des finances, l'exactitude de ce classement méthodique.

Enfin on a cru devoir examiner s'il ne serait pas utile de reporter la responsabilité matérielle du service des oppositions sur le payeur central des dépenses, et d'en décharger ainsi le chef du bureau des oppositions. Cette discussion a conduit à reconnaître que cette attribution, en ce qui concerne les paiemens si nombreux et si importans effectués à Paris, ne pouvait pas appartenir à ce comptable ; qu'elle exigeait des connaissances particulières, une application trop variée du droit civil, et une suite trop active d'affaires contentieuses pour qu'elle pût se placer, sans inconvéniens, au milieu des mouvemens journaliers d'un service de paiement et entrer dans une gestion de deniers publics ; que, d'ailleurs, les actes de cette nature ne s'appliquaient pas seulement aux dépenses à faire par le payeur central, qu'ils avaient fréquemment une autre origine, et qu'ils pouvaient frapper toutes les créances sur l'État ; qu'il était indispensable, pour l'unité de jurisprudence si précieuse en cette matière, de ne pas en briser l'ensemble en la divisant entre plusieurs mains, et que le directeur du contentieux était seul en mesure de préserver l'administration des embarras et des dommages qui résulteraient pour elle d'une marche incertaine et inexpérimentée dans des questions aussi litigieuses.

Les motifs précédemment développés ont également conduit à ne pas demander un cautionnement au chef du bureau chargé de la suite des travaux relatifs aux oppositions. La nature de ces fonctions ne devait pas, en effet, entraîner une responsabilité différente de celle qui pèse sur tous les autres administrateurs, et particulièrement sur celui dont il reçoit les directions.

Service et contrôle de la dette inscrite. La dette inscrite se divise en trois parties : les rentes, les pensions et les cautionnemens. L'administration de ces différens services faisait autrefois l'attribution de trois divisions séparées. Leur réunion a procuré une économie considérable, malgré l'accroissement que ces divers engagemens du Trésor ont reçu depuis 1814, et dont l'effet a été non-seulement de porter le nombre des titulaires de ces trois natures de créances de 450,385 à 517,471, mais encore d'en multiplier les mouvemens dans une telle progression que le travail en a été quadruplé, en même temps que la marche en est devenue plus rapide.

Il serait superflu de retracer ici les simplifications successives qui ont été la conséquence de cette nouvelle organisation ; mais il convient de présenter l'analyse des attributions actuelles de cette direction, dont tous les détails ont été étudiés à l'aide de la vérification qui a été faite sur place des procédés suivis par chacun des agens d'exécution.

Un arrêté ministériel du 9 octobre dernier résume les devoirs du directeur de la dette inscrite. Néanmoins, il a paru nécessaire d'y annexer un réglement qui détermine les formalités et les contrôles matériels dont on a voulu entourer la délivrance des titres et des valeurs créées sur le Trésor.

Rentes. L'exactitude du service des rentes perpétuelles est principalement garantie par l'institution de deux agens comptables, dont la responsabilité se trouve simultanément engagée pour chacun des actes relatifs à la création de ces valeurs ou à la transmission de leur propriété. L'un est le chef des transferts et mutations, et l'autre est le chef du grand-livre. Aucune inscription ne peut être opérée au profit d'un tiers sans que le premier de ces comptables n'ait examiné et admis les titres de la partie, et sans qu'il ait signé un acte officiel qui doit être ensuite remis au second chef, chargé de vérifier à son tour s'il peut procéder en toute sécurité à l'immatricule sur le grand-livre et à la délivrance de l'extrait d'inscription. Cette combinaison, depuis long-temps justifiée par l'expérience, assure au Trésor une double garantie pour la consommation d'un même fait. Le directeur n'intervient dans cette opération importante que pour en reconnaître la régularité ; mais il ne prend aucune initiative d'exécution dans un service protégé, en même temps, par la sollicitude de deux intérêts personnels directement engagés, et par l'exactitude des contrôles administratifs. Ces garanties seront encore fortifiées par des gages matériels aussitôt que Votre Majesté aura approuvé le projet d'ordonnance que je lui propose pour assujettir à des cautionnemens le chef des transferts et celui du grand-livre, qui sont déjà justiciables de la Cour des comptes.

On a cru devoir, en outre, pour que rien n'échappât à la surveillance administrative, imposer l'obligation au directeur de la dette de rapprocher chaque jour, avant la délivrance des inscriptions, les résultats contradictoires présentés, pour leurs opérations respectives, par l'un et l'autre comptable. Aussitôt que le chef du service a procédé à la comparaison des opérations comprises dans ces deux relevés, il autorise ou suspend la délivrance des rentes. Dans le premier cas, il signe ou fait signer, par un délégué spécial, chaque extrait d'inscriptions et y ajoute ainsi, avant de le livrer à la partie, un témoignage authentique de l'accomplissement de ce dernier contrôle. Dans le second cas, il fait expliquer ou rectifier la différence reconnue. Enfin, la balance du double du grand-livre doit venir le lendemain, confirmer encore l'exactitude de tous les actes des deux comptables pendant la journée précédente. Ce double du grand-livre, qui complète la série des contrôles, est également destiné à faciliter les recherches fréquemment provoquées par les parties ; il présente, à cet effet, un répertoire alphabétique établi sur des cartons mobiles où sont textuellement copiées les inscriptions émises, et qui se renouvellent et s'annulent sans cesse, comme les rentes elles-mêmes, de manière à présenter constamment la collection méthodique des doubles de tous les titres qui sont encore inscrits sur le grand-livre. Pour mieux assurer le maintien de l'ordre et de l'exactitude dans cet important travail, un inspecteur des finances sera chargé de vérifier, à des époques indéterminées, le classement de ces pièces.

Le concours de ces précautions doit prévenir les erreurs et les doubles emplois dans l'émission des rentes.

Enfin, pour faire cesser tout motif d'inquiétude dans la délivrance des rentes aux parties, il a été décidé que leur création, leur échange et leur renouvellement, pour quelque cause que ce soit, seraient soumis au contrôle central placé près des caisses intérieures du Trésor, et que son action s'étendrait aux deux agens comptables des transferts et du grand-livre. En conséquence, le contrôleur en chef ou les délégués autorisés à le suppléer, seront tenus d'apposer un timbre d'annulation sur tous les titres à convertir, et un visa préalable sur toutes les inscriptions à délivrer ; de manière à assurer à la fois, par cette double vérification, la rentrée d'une valeur égale à celle qui doit être émise, et à constater toujours en même temps et pour une même somme la décharge et le nouvel engagement du Trésor.

Il a été jugé indispensable de consacrer le principe et l'application de ce contrôle par des articles de loi et d'ordonnance royale, et de rendre obligatoire, pour les parties, ce visa officiel, qui doit procurer une garantie certaine à l'administration et une véritable authenticité aux effets publics.

Pensions. Le directeur de la dette inscrite n'est point le liquidateur des droits des pensionnaires de l'État ; leurs titres sont jugés dans les formes et par les autorités déterminées par des lois spéciales ; il se borne à faire vérifier l'accomplissement des conditions générales exigées par les réglemens, avant de délivrer les certificats ou brevets aux titulaires. L'exécution de ces travaux de révision sommaire est confiée à un agent administratif justiciable de la Cour des comptes, pour la confection et la remise aux parties des titres qui ont été créés sur le Trésor. Un bureau central, placé auprès du directeur de la dette inscrite, reçoit la communication de toutes les ordonnances de concession et d'imputation, ainsi que les autres pièces qui constatent les mouvemens des pensions, et présente, chaque jour, chaque mois et à la fin de l'année, le contrôle exact de toutes les opérations du chef, qui est à la fois comptable et responsable de cette branche de service.

Cette partie de la tâche de l'administration a été réglée, dans tous ses détails, par un arrêté ministériel du 9 octobre 1832.

Cautionnemens. Le service des cautionnemens a paru réclamer le secours d'une nouvelle mesure qui aura pour but de faire adresser au directeur de la dette, par les différens chefs d'administrations financières, un avis immédiat de chacune des mutations survenues dans le personnel des agens sujets à cautionnemens. Chaque bulletin ne sera renvoyé à celui qui en aura fait la notification que lorsque le titulaire aura versé au Trésor la garantie pécuniaire qui doit servir de gage à sa gestion. L'observation exacte de ces communications réciproques entretiendra la surveillance qui doit être exercée sur l'accomplissement de la charge imposée aux préposés des finances pour la sûreté des deniers publics. Enfin, de nouvelles relations s'établiront entre le département des finances et les ministères et administrations publiques, pour que l'on ne perde pas de vue la nécessité d'exécuter l'article 96 de la loi du 28 avril 1816, qui prescrit de n'installer les fonctionnaires que sur la justification du versement de leur cautionnement.

Les certificats d'inscription de cautionnement ne sont remis aux titulaires qu'en échange de récépissés duement visés, et dont l'exactitude est confirmée par les résultats régulièrement constatés et vérifiés à la comptabilité générale des finances. Tous les mouvemens de cette partie de la dette sont surveillés et contrôlés, non-seulement au moyen d'écritures spéciales, mais encore par des enregistremens sommaires et contradictoires faits sur pièces dans le bureau central de la direction.

Chacun des modèles établis, en exécution de l'arrêté du 30 décembre 1829, pour réunir et coordonner entre eux tous les résultats des trois parties de la dette inscrite dans une comptabilité centrale, a subi l'épreuve d'un nouvel examen, et il a été reconnu que tous les élémens de ce travail étaient disposés de manière à permettre de saisir, par une description rapide et complète, tous les faits appartenant à ces trois branches d'administration, et donnaient les moyens de suivre les mouvemens et de vérifier la situation des services à toutes les époques. Pour satisfaire au vœu exprimé par la commission d'enquête, ainsi qu'à l'usage observé pour toutes les autres comptabilités spéciales, les résultats de ces écritures ont été rattachés à ceux de la comptabilité générale des finances, qui est la seule direction du ministère à portée de faire un utile usage de la communication de ces renseignemens.

DIRECTIONS CHARGÉES DE SERVICES ET CONTROLES ADMINISTRATIFS.

Cette révision générale des réglemens a commencé par l'examen du service et des contrôles des deux grands comptables du Trésor; elle s'est étendue ensuite à tous les procédés intérieurs suivis par le ministère, à l'égard des agens chargés d'un maniement ou d'une création de valeurs dans le sein même de l'administration, et il reste maintenant à se rendre compte des dispositions générales qui ont été adoptées pour le mouvement des fonds et pour la comptabilité des finances.

4.

Les anciennes décisions qui ont déterminé les obligations de ces deux chefs de service ont été réunies et coordonnées dans des arrêtés spéciaux qui font mieux connaître le tâche et les devoirs de chaque directeur, qui montrent davantage les liens qui unissent leurs travaux à ceux des autres branches du ministère, et qui établissent, entre les comptables et les administrateurs, des relations plus faciles et mieux définies. Enfin on est parvenu à tracer la route et à indiquer le but de chacun de ces délégués du Ministre, de manière à mesurer toute l'étendue de leur action et de leur responsabilité.

Direction
du
mouvement général
des fonds.

Les actes réglementaires qui ont organisé, à différentes époques, le service de trésorerie, ont été révisés en même temps que les opérations et les moyens de direction et de surveillance appropriés à cette partie de l'administration. Le décret du 16 juillet 1806 est le premier acte qui ait retiré cet important service aux compagnies financières, et qui en ait fait l'attribution d'une caisse particulière annexée au Trésor public, et dirigée par le Ministre de ce département. C'est seulement à dater de cette époque que des règles d'ordre et d'économie ont pu s'introduire dans ce service spécial. Les arrêtés des 7 novembre et 9 décembre 1814 et les ordonnances du 18 novembre 1817 ont perfectionné ce nouveau régime, en faisant annuler les anciens engagemens des comptables et toutes les autres valeurs fictives, qui, autrefois, étaient les élémens des comptes courans des receveurs-généraux avec le Trésor, pour y substituer la base positive du recouvrement et du paiement, et en supprimant les quatre caisses précédemment établies, pour les remplacer par une seule. Les simplifications qu'ont amenées ces dernières mesures ont mis en évidence les résultats obtenus, et présenté une réduction considérable sur la dépense antérieure. L'administration est bientôt parvenue à saisir les ressources sur tous les points du royaume au moment même de leur réalisation, et à les appliquer, sans retard, à tous les besoins. En effet, aussitôt que le contribuable s'est libéré dans une caisse publique, cette même caisse peut s'ouvrir immédiatement au mandat de l'ordonnateur, et acquitter la dette de l'État dans la main de son créancier.

Aujourd'hui, le mécanisme de cette banque est organisé de manière à ce que les fonds disponibles dans chaque département soient mis, tous les dix jours, à la charge du receveur général, qui en supporte l'intérêt jusqu'à ce qu'il s'en soit réellement libéré. Aucune stagnation de fonds onéreuse, aucun atermoiement de dépense n'est plus à redouter, depuis que le comptable est lui-même intéressé à vider ses mains le plus promptement possible, par des emplois sur les lieux, ou par des envois au Trésor. Toute jouissance de fonds provenant des deniers publics a été ainsi restituée à l'administration.

Un arrêté du 8 octobre 1832 confirme toutes les dispositions que l'expérience a déjà consacrées, en réglant les devoirs et les attributions du directeur de cette partie.

La comptabilité du Trésor a été soumise à un système régulier d'écritures par le décret du 4 janvier 1808, dont les principes ont été étendus à toutes les parties du service public. Les lois du 25 mars 1817, du 15 mai 1818 et du 27 juin 1819, ont prescrit aux ministres, pour la rédaction et la publicité de leurs comptes, de nouvelles obligations qui ont exigé la révision de tous les procédés antérieurs, pour faire constater, d'une manière plus authentique, et démontrer avec plus d'évidence, l'assiette et la perception des impôts, la liquidation et le paiement des droits des créanciers de l'État, et enfin les opérations intermédiaires du service de trésorerie.

Les actes réglementaires qui ont donné les moyens de remplir ces devoirs plus rigoureux envers les Chambres législatives et la Cour des comptes, sont trop connus, et leur utilité est trop bien appréciée aujourd'hui pour qu'il soit nécessaire d'en présenter ici le développement. On doit se borner à rappeler qu'ils ont eu pour résultat de fonder une comptabilité générale des finances, dont la tâche est de maintenir l'ordre et la régularité dans toutes les gestions de deniers publics.

Un arrêté du 9 octobre dernier a fixé ces travaux dont l'exécution n'avait pas été, jusqu'à présent, la conséquence d'une règle écrite.

Une question de principe s'est rattachée à l'examen de la comptabilité des finances : il s'agissait de vérifier s'il était convenable d'exiger des cautionnemens des employés du ministère qui sont momentanément dépositaires des pièces justificatives des recettes et des dépenses publiques, et si la nature de leurs fonctions réclamait une garantie matérielle. On a bientôt reconnu que de semblables gages ne pouvaient pas être demandés à des agens chargés de vérifications administratives ; qu'il n'y avait aucune probabilité d'abus dans le maniement et la garde temporaire de ces titres et documens, qui n'ont jamais le caractère de valeurs recouvrables ; que le remplacement des pièces qui seraient adirées ne présenterait pas de difficulté assez grave pour entraver la surveillance de l'administration, et pour compromettre ensuite la responsabilité des comptables ; que, d'ailleurs, ces pièces se trouvent distribuées dans un trop grand nombre de mains pour qu'il soit possible, ou d'assujettir chacun des vérificateurs à cette charge nouvelle, ou d'en faire peser tout le poids sur quelques-uns d'entre eux; qu'un pareil système entraînerait un accroissement d'émolumens, en faveur de certains employés, qui ne serait compensé par aucun avantage réel.

En conséquence, mon prédécesseur a approuvé le 6 septembre dernier l'annulation d'une ancienne décision demeurée sans exécution jusqu'à ce jour, et qui avait établi, à l'égard d'un seul chef, une exception aux principes qui viennent d'être développés.

CONCLUSION.

Je suis parvenu au terme de la mission qui m'a été laissée par mon honorable prédécesseur, de rendre compte à Votre Majesté du travail qu'il a entrepris, et des mesures qu'il a adoptées ou préparées par suite de la réunion des réglemens relatifs au service des caisses intérieures du Trésor, et à la surveillance administrative de la gestion des comptables.

Son premier soin a été de chercher les moyens de rendre désormais impossible le genre de fraude qui a été récemment pratiqué par l'ancien caissier central, et il a préparé, à cet effet, des dispositions particulières, dont les unes réclament la sanction de la loi, et les autres celles de l'autorité royale.

Il a ensuite rendu deux arrêtés qui règlent le service du caissier et celui du payeur du Trésor.

Deux autres arrêtés ont déterminé les contrôles matériels et locaux qui doivent être exercés sur chacun de ces deux grands comptables; en outre, un réglement détaillé a précisé toutes les formes qui doivent être observées par le contrôleur en chef et par ses divers préposés, pour assurer la régularité de chaque opération d'entrée, de sortie et de conversion de valeurs.

Après avoir ainsi satisfait à tout ce que pouvait exiger le mécanisme du service matériel du Trésor, cet administrateur a examiné les contrôles établis, dans le sein même du ministère des finances, pour suivre la création et les mouvemens, et pour assurer la conservation des titres de créances et des autres valeurs de toute nature qui sont confiés à la surveillance et placés sous la responsabilité des agens administratifs.

A la suite de cet examen, il a pris un premier arrêté applicable au contrôle des débets et créances litigieuses, et un second arrêté, développé par un réglement spécial, pour le service de la dette inscrite. Un arrêté spécial a en outre réglé l'action attribuée au contrôleur en chef sur les agens comptables des transferts et du grand-livre.

Enfin il a complété cette série de précautions et de mesures de prévoyance contre les détournemens de fonds et les infidélités de tous les préposés chargés, à quelque titre que ce soit, du maniement des deniers publics, en adoptant deux arrêtés qui déterminent les devoirs à remplir par le directeur du mouvement général des fonds et par celui de la comptabilité générale des finances.

En parcourant, Sire, les différentes dispositions que je viens de retracer, et dont la plupart sont déjà mises à exécution, vous remarquerez le soin que l'on a mis à établir et à fortifier entre les directeurs et les comptables ces rapports mutuels, ces communications réciproques, qui tendent à lier les diverses parties de l'administration, qui facilitent l'exécution des services, et qui produisent cette unité et cette force administratives si justement réclamées par la commission d'enquête.

J'ai l'honneur d'annexer au présent rapport le projet de loi, les projets d'ordonnance et les arrêtés ministériels dont je viens de présenter l'analyse à Votre Majesté.

Je suis avec le plus profond respect,

SIRE,

De Votre Majesté

Le très-humble, très-obéissant et très-fidèle serviteur,

Le Ministre secrétaire d'état des finances,

HUMANN.

EXPOSÉ DES MOTIFS

Du Projet de loi présenté à la Chambre des Pairs par le Ministre Secrétaire d'Etat des finances, sur les formes et le contrôle des récépissés et autres titres délivrés par les comptables publics.

MESSIEURS,

Le déficit de l'ancien caissier du Trésor a jeté des doutes sur le régime d'une administration dont on remarquait depuis plusieurs années les notables progrès vers l'ordre et l'économie. On ne pouvait pas s'expliquer, en effet, comment la fortune publique, qui avait été long-temps à l'abri des infidélités des comptables, avait pu éprouver inopinément un semblable dommage, au moment où notre système de comptabilité avait reçu de si nombreux perfectionnemens.

La Chambre des Députés a délégué immédiatement une commission prise dans son sein pour vérifier les causes de ce détournement de fonds, et pour préparer par une enquête l'appréciation de toutes les circonstances qui pouvaient éclairer l'opinion publique.

Le Ministre des finances avait également chargé, le 22 février dernier, une commission spéciale d'examiner les procédés actuels du service et les contrôles établis, et de proposer les modifications que cette nouvelle révision pourrait suggérer encore dans le système de l'administration et les formes de la comptabilité.

Je ne répéterai pas les explications étendues qui ont été données sur ce déficit par le rapport des commissaires auxquels la Chambre des Députés avait confié cette mission importante. Je ne reproduirai pas non plus devant vous l'exposé que j'ai dû faire au Roi des nouvelles précautions et des mesures de prévoyance qui ont été adoptées et dont tous les détails vont être incessamment publiés. Je me bornerai seulement à rappeler que ces vérifications approfondies, que ces doubles recherches n'ont fait apercevoir aucun défaut essentiel, aucun vice organique dans le mécanisme des caisses et des contrôles du Trésor; elles n'ont eu pour résultat que de provoquer quelques dispositions complémentaires tendant à mieux assurer la régularité du service et à fortifier davantage les moyens de surveillance. Toutefois, elles ont démontré que cette soustraction de recette n'avait pu s'opérer que par suite de l'omission des formes tracées par le décret du 4 janvier 1808 et par l'ordonnance royale du 18 novembre 1817 pour le contrôle des versemens.

Ces deux actes réglementaires avaient statué que tous les récépissés délivrés par les comptables du Trésor seraient accompagnés de talons, et qu'un contrôleur spécial détacherait ces talons et apposerait son visa sur la pièce libératoire, avant qu'elle fût remise à la partie versante. Néanmoins un avis officiel publié le 9 mai 1818 pour régler les conditions et la forme d'un emprunt en rentes indiqua, pour la libération des souscripteurs, un nouveau modèle de quittance qui a été conservé pour les emprunts subséquens, et qui n'exigeait pas l'accomplissement des formalités salutaires précédemment établies. Le simple acquit du caissier central assurait, sans l'intervention préalable d'un contrôle, la décharge des porteurs de certificats.

Cette exception à la règle avait été jugée utile au service; on voulait satisfaire aux convenances des prêteurs en simplifiant les formes et en abrégeant les délais de leur libération. Mais l'administration ne peut plus hésiter aujourd'hui à demander de rendre impérieusement obligatoires, en toute circonstance, pour les tiers et pour elle-même, des mesures d'ordre dont on ne saurait s'écarter sans danger.

Il est indispensable désormais de défendre le Trésor contre cet entraînement de la confiance publique qui a rendu trop souvent l'ancien caissier central le mandataire officieux des parties versantes, et qui a dû le mettre à même de trahir plus facilement le double intérêt qui lui était confié. Nous vous demandons de protéger les deniers des particuliers et ceux de l'État contre toute soustraction nouvelle, en rendant obligatoire pour tous l'accomplissement préalable de cet ancien contrôle qui ne doit compléter la libération de celui qui a versé des fonds, qu'en assurant la charge du comptable qui les a reçus pour le compte du Trésor.

Nous vous proposons de généraliser les dispositions du décret du 4 janvier 1808, et de leur donner un caractère plus impératif et plus absolu, en y ajoutant toute l'autorité de la loi.

Nous sollicitons une disposition analogue pour les effets à payer, les rentes et autres engagemens du Trésor, et nous vous proposons de ne les déclarer valables que lorsqu'ils auront été revêtus du visa du contrôle.

Enfin, nous vous demandons de suppléer autant que possible à l'action d'un contrôleur local, pour la validité des paiemens faits sur les contributions et les revenus de l'État, en même temps que pour la conservation des intérêts municipaux, en statuant que les quittances délivrées par les percepteurs et les receveurs des communes, des hospices et des établissemens de bienfaisance, ne seront libératoires pour les parties que lorsque ces pièces auront été détachées, en leur présence et au moment du versement, des registres à souche déjà prescrits par les instructions et réglemens.

Nous croyons nécessaire de réclamer la sanction et l'appui du vote législatif pour ces importantes mesures de prévoyance et de sécurité.

Ce 8 Décembre 1832.

Le Ministre Secrétaire d'État des finances,

HUMANN.

PROJET DE LOI

Sur les formes et le contrôle des Récépissés et autres titres délivrés par les comptables publics.

LOUIS-PHILIPPE, Roi des Français, à tous présens et à venir, salut :

Nous avons ordonné et ordonnons que le projet de loi dont la teneur suit soit présenté, en notre nom, à la Chambre des Pairs par notre Ministre Secrétaire d'État des finances, que nous chargeons d'en exposer les motifs, et d'en soutenir la discussion.

ARTICLE PREMIER.

Tout versement, tout envoi ou remise de fonds en numéraire ou autres valeurs, fait par des comptables, agens, correspondans ou débiteurs, à quelque titre que ce soit, envers le Trésor public, aux caisses des receveurs généraux et particuliers des finances, des payeurs et du caissier central à Paris, donnera lieu à la délivrance immédiate d'un récépissé à talon.

ART. 2.

Les récépissés à talon ne seront libératoires envers le Trésor public, qu'autant qu'ils auront été, dans les vingt-quatre heures de leur délivrance, visés et séparés de leurs talons par les agens administratifs qui seront chargés de ce contrôle.

ART. 3.

Les mandats et valeurs de toute nature émis par le caissier central et le payeur des dépenses à Paris, n'engageront le Trésor qu'autant qu'ils seront délivrés sur des formules à talon, et revêtus du visa du contrôle.

5.

Les acceptations par le caissier central des effets et traites émis sur sa caisse, n'obligeront également le Trésor public qu'autant qu'elles auront été visées au contrôle.

ART. 4.

Tout extrait d'inscription de rente, immatriculée sur le grand-livre de la dette publique à Paris, qui sera délivré à partir de la promulgation de la présente loi, devra, pour former titre valable sur le Trésor, être revêtu du visa du contrôle.

Les extraits d'inscription des rentes immatriculées dans les départemens sur les livres auxiliaires du grand-livre, n'engageront pareillement le Trésor, qu'autant qu'ils auront été délivrés, contrôlés et visés dans les formes établies par l'article 3 de la loi du 14 avril 1819.

ART. 5.

Les quittances délivrées par les divers comptables, soit aux redevables des contributions directes et indirectes, et des revenus et droits de toute nature acquis au Trésor, soit aux débiteurs des communes et des établissemens publics ne seront libératoires que lorsqu'elles auront été détachées de registres à souche.

Cette disposition ne recevra son effet qu'à partir du 1er janvier 1834, pour les versemens effectués aux préposés de l'enregistrement et des domaines et aux percepteurs de la ville de Paris.

ART. 6.

Seront néanmoins considérées comme quittances valables, les reçus des droits d'enregistrement, de greffe, d'hypothèques et de visa pour timbre, apposés sur les actes par les receveurs, ainsi que les acquits donnés par les comptables sur les effets et traites à recouvrer, et les reçus énoncés aux actes des officiers ministériels agissant pour le compte du Trésor.

Donné au palais des Tuileries, le 8e jour du mois de Décembre, l'an 1832.

LOUIS-PHILIPPE.

Par le Roi :

Le Ministre Secrétaire d'État des finances,

Humann.

ORDONNANCE DU ROI

Sur le Contrôle des récépissés, titres et valeurs délivrés par les comptables publics.

Du 8 Décembre 1832.

LOUIS-PHILIPPE, Roi des Français, à tous présens et à venir, SALUT.

Vu le décret du 4 janvier 1808, et les ordonnances du 18 novembre 1817 et 19 novembre 1826, concernant le contrôle des versemens faits dans les caisses publiques;

Sur le rapport de notre Ministre Secrétaire d'état des finances,

Avons ordonné et ordonnons ce qui suit:

ARTICLE PREMIER.

Les récépissés à talon délivrés par les receveurs généraux ou particuliers et les payeurs, devront être visés dans les vingt-quatre heures par les préfets ou sous-préfets, qui les rendront immédiatement aux parties, après en avoir détaché les talons.

Aux armées, les récépissés délivrés par les préposés aux recettes et aux dépenses, seront visés par l'agent administratif désigné à cet effet.

ART. 2.

Les contrôles institués près du caissier du Trésor, du payeur central et des agens comptables de la dette inscrite à Paris, seront exercés par un contrôleur en chef, à la nomination de notre Ministre des finances.

Ce contrôleur remplira, en ce qui concerne les envois de fonds et autres opérations à constater par des procès-verbaux, les fonctions attribuées aux préfets et sous-préfets.

Art. 3.

Les récépissés pour versement, remise ou envoi de fonds faits au caissier du Trésor, et les récépissés du payeur central seront visés par le contrôleur désigné dans l'article 2.

Seront pareillement visées par ce contrôleur, toutes les valeurs créées, émises ou acceptées par les comptables placés dans l'intérieur du Trésor à Paris.

Art. 4.

Les mandats tirés par les receveurs généraux et particuliers des finances, soit sur la caisse centrale du Trésor, soit sur les caisses des comptables des finances, seront détachés d'un registre à souche.

Les mandats des receveurs généraux et particuliers des finances sur les préposés à la perception des impôts directs et indirects, libéreront les comptables qui les auront acquittés, à la charge par eux de les comprendre dans leur plus prochain versement à la recette des finances, pour être échangés contre un récépissé à talon.

Art. 5.

Les receveurs généraux ne devront opérer de changemens sur les livres auxiliaires pour conversions de rentes départementales, en rentes directes, et réciproquement, qu'autant qu'ils y auront été autorisés par une lettre de débit ou de crédit de l'agent comptable du grand-livre, visée par le contrôleur en chef.

Art. 6.

Les achats et ventes de rentes que les receveurs généraux sont chargés d'opérer d'office, à la volonté des habitans des départemens, conformément à l'article 21 de l'ordonnance du 14 avril 1819, ne pourront donner lieu à aucun recours en garantie contre le Trésor public.

Art. 7.

Tout paiement fait entre les mains des percepteurs des contributions directes, des receveurs des communes, des hospices, des bureaux de bienfaisance et des établissemens publics, devra donner lieu à la délivrance immédiate d'une quittance détachée d'un journal à souche.

Art. 8.

Donneront pareillement lieu à la délivrance immédiate d'une quittance détachée d'un registre à souche, les paiemens et les versemens effectués aux receveurs des douanes et sels et des contributions indirectes et aux entreposeurs de tabacs.

Art. 9.

Les recettes opérées par les receveurs de l'enregistrement et des domaines autres que celles des droits d'enregistrement, de greffe, d'hypothèque et de visa pour timbre, dont les quittances sont apposées, aux termes des lois, sur les actes mêmes, donneront lieu à la délivrance immédiate d'une quittance à souche.

Art. 10.

A partir du 1ᵉʳ. janvier 1834, les directeurs des postes délivreront un mandat détaché d'un registre à souche, en échange des articles d'argent qui leur sont remis pour en faire toucher le montant à destination.

Art. 11.

Notre Ministre Secrétaire d'État des finances est chargé de l'exécution de la présente ordonnance.

Au palais des Tuileries, le 8ᵉ jour du mois de Décembre, l'an 1832.

LOUIS-PHILIPPE.

Par le Roi :

Le Ministre Secrétaire d'État des finances,

Humann.

ORDONNANCE DU ROI

Sur la Responsabilité des comptables, en ce qui concerne les droits et produits appartenant à l'État.

Du 8 Décembre 1832.

LOUIS-PHILIPPE, Roi des Français, à tous présens et à venir, salut.

Vu les dispositions des ordonnances royales des 14 septembre 1822, 10 décembre 1823, 9 juillet 1826 et 23 décembre 1829, relatives à l'établissement dans les comptes publics des droits constatés à la charge des redevables de l'État, et à leur réalisation dans le délai fixé pour la durée de chaque exercice;

Sur le rapport de notre Ministre Secrétaire d'État des finances,

Avons ordonné et ordonnons ce qui suit :

ARTICLE PREMIER.

Tous les comptables ressortissant au ministère des finances, sont responsables du recouvrement des droits liquidés sur les redevables et dont la perception leur est confiée ; en conséquence, ils sont et demeurent chargés, dans leurs écritures et leurs comptes annuels, de la totalité des rôles ou des états de produits qui constatent le montant de ces droits, et ils doivent justifier de leur entière réalisation, avant l'expiration de l'année qui suit celle à laquelle les droits se rapportent.

ART. 2.

Les comptables peuvent obtenir la décharge de leur responsabilité, en justifiant qu'ils ont pris toutes les mesures et fait, en temps utile, toutes les poursuites et diligences nécessaires contre les redevables et débiteurs.

ART. 3.

Les receveurs généraux et particuliers des finances sont tenus de verser au trésor, de leurs deniers personnels, le 30 novembre de chaque année, les sommes qui n'auraient pas été recouvrées sur les rôles des contributions directes de l'année précédente.

Art. 4.

A l'égard des autres receveurs des deniers publics, il sera dressé, avant l'expiration de la seconde année de chaque exercice, des états par branche de revenus, et par comptables, présentant les droits et produits restant à recouvrer, avec la distinction des créances qui devront demeurer à la charge des comptables, de celles qu'il y aura lieu d'admettre en reprise à l'exercice suivant, et de celles dont les receveurs seraient dans le cas d'obtenir la décharge.

Le montant des droits et produits tombés en non valeurs, ou à porter en reprise, figurera distinctement dans les comptes des receveurs et il en sera justifié à la cour des comptes.

Notre ministre, secrétaire d'état des finances, statuera sur les questions de responsabilité, sauf l'appel en notre Conseil d'état.

Art. 5.

Les comptables en exercice verseront immédiatement, dans leurs caisses, le montant des droits dont ils auront été déclarés responsables; s'ils sont hors de fonctions, le recouvrement en sera poursuivi contre eux à la diligence de l'agent judiciaire du Trésor public.

Art. 6.

Lorsque les comptables auront soldé, de leurs deniers personnels, les droits dus par les redevables ou débiteurs, ils demeureront subrogés dans tous les droits du Trésor public, conformément aux dispositions du Code civil.

Art. 7.

Notre Ministre Secrétaire d'État des finances est chargé de l'exécution de la présente ordonnance.

Au palais des Tuileries, le 8 Décembre, l'an 1832.

LOUIS-PHILIPPE.

Par le Roi :

Le Ministre Secrétaire d'État des finances,

HUMANN.

ORDONNANCE DU ROI

Sur le cautionnement du Caissier central du Trésor public.

Du 27 Mai 1832.

LOUIS-PHILIPPE, Roi des Français,

Sur le rapport de notre Ministre Secrétaire d'État des finances,

Nous avons ordonné et ordonnons :

ARTICLE PREMIER.

. . . .

ART. 2.

Le cautionnement du caissier central du Trésor est fixé à trois cent mille francs en numéraire. Ce comptable sera tenu de le réaliser, avant son installation, et ne sera admis à prêter serment qu'après en avoir justifié.

ART. 3.

. . . .

ART. 4.

Notre Ministre Secrétaire d'État des finances est chargé de l'exécution de la présente ordonnance, qui sera insérée au Bulletin des lois.

Au palais des Tuileries, le 27 Mai 1832.

LOUIS-PHILIPPE.

Par le Roi :

Le Ministre Secrétaire d'État des finances,

LOUIS.

ORDONNANCE DU ROI

Sur les Cautionnemens des Agens comptables de la Dette inscrite.

Du 8 Décembre 1832.

LOUIS-PHILIPPE Roi des Français, à tous présens et à venir, SALUT.

Vu les lois et réglemens relatifs aux cautionnemens à verser par les comptables, fonctionnaires publics et employés, pour sûreté des fonctions qui leur sont confiées :

Vu l'ordonnance royale du 12 novembre 1826, qui fixe le mode de présentation des comptes des divers agens comptables de la dette publique, à la Cour :

Vu l'ordonnance du 19 juin 1825, qui fixe les bases des cautionnemens en rentes fournis au Trésor ;

Considérant qu'il importe de compléter les garanties assurées par cette ordonnance, en assujettissant au versement d'un cautionnement matériel ceux de ces comptables qui engagent le Trésor public par la reconnaissance du droit à une créance sur l'État, ou par l'émission du titre exprimant cette créance ;

Sur le rapport de notre Ministre Secrétaire d'État des finances,

Avons ordonné et ordonnons ce qui suit :

ARTICLE PREMIER.

Le chef, agent comptable du grand-livre, et le chef, agent comptable des mutations et transferts, au Trésor, sont tenus de verser un cautionnement de cinquante mille francs, soit en numéraire, soit en rentes 5 p. o/o ou 4 1/2 p. o/o au pair, ou en rentes 3 p. o/o à 75 francs.

ART. 2.

Notre Ministre Secrétaire d'État des finances est chargé de l'exécution de la présente ordonnance.

Au palais des Tuileries, le 8 Décembre, l'an 1832.

LOUIS-PHILIPPE.

Par le Roi :
Le Ministre Secrétaire d'État des finances,
HUMANN.

6.

ARRÊTÉS ET RÉGLEMENS.

SECTION PREMIÈRE.

SERVICE ET CONTRÔLE DES CAISSES INTÉRIEURES DU TRÉSOR.

Arrêté du Ministre sur le service du Caissier central du Trésor.

Du 24 Juin 1832.

Art. 1ᵉʳ.

Le service de la caisse centrale du Trésor est exécuté sous la direction et responsabilité du caissier central, par les sous-caissiers et bureaux ci-après, savoir :

Sous-caisses.

1°. Sous-caisse des recettes en numéraire ;

2°. Sous-caisse d'émission de bons royaux, traites, obligations et autres valeurs du Trésor sur lui-même ;

3°. Sous-caisse d'émission des mandats sur les départemens ;

4°. Sous-caisse de paiement des mandats délivrés par le payeur central, en acquit de dépenses publiques ;

5°. Sous-caisse des paiemens du service de Trésorerie et des envois de fonds.

Portefeuilles.

Portefeuille des remises sur Paris ;

Portefeuille des traites et obligations souscrites par les débiteurs de l'État.

Bureaux.

Ire Section. Reconnaissance des valeurs à l'arrivée ;
IIe Section. Correspondance ;
IIIe Section. Écritures et situations journalières ;
IVe Section. Comptabilité.

Art. 2.

Le caissier central a près de lui une sous-caisse centrale des espèces, qui réunit les soldes de chaque sous-caisse numéraire et fait les distributions nécessaires au service de chaque journée.

Art. 3.

Le caissier central est seul comptable des recettes, dépenses et mouvemens de valeurs effectués, tant en numéraire qu'en effets de portefeuille, par les sous-caisses et bureaux. Les sous-caissiers et agens subordonnés sont responsables envers lui, sans préjudice de leur responsabilité directe envers le Trésor, s'il y a lieu.

Art. 4.

Le caissier central propose les nominations et les mesures relatives au personnel de la caisse.

Art. 5.

Il est en rapport direct avec le Ministre, néanmoins il ne doit prendre l'initiative sur aucune mesure touchant l'administration, la comptabilité ou le service de trésorerie, qu'en proposant d'en renvoyer l'examen à la direction compétente, laquelle donne son avis et prend les ordres du Ministre.

Art. 6.

Le caissier central reçoit du secrétariat général les ampliations des décisions relatives à son service, lorsqu'il n'en est pas autrement ordonné par le Ministre pour des cas spéciaux.

Art. 7.

Le caissier central fait procéder à la délivrance de toutes les valeurs à terme dont la création est autorisée , suivant les règles et conditions auxquelles leur émission est subordonnée.

Art. 8.

Il est tenu de faire recouvrer, à leur échéance, les effets du porte feuille du Trésor et de faire présenter à l'acceptation ceux qui en sont susceptibles. A défaut de paiement ou d'acceptation, il doit les faire protester en temps utile, par l'un des huissiers commissionnés par le Ministre. Les effets non payés sont, à moins d'ordres contraires, renvoyés aux comptables et correspondans qui les ont remis. Quand il y a lieu, pour le compte du Trésor, à des poursuites directes, elles sont faites par les soins de la direction du contentieux, à laquelle les effets sont remis, sans retard, avec le protêt et les renseignemens convenables. En cas d'urgence, le caissier est autorisé à faire faire les diligences nécessaires.

Art. 9.

Les paiemens à effectuer par la caisse centrale, la délivrance des valeurs, les acceptations à donner pour le compte du Trésor, doivent avoir été préalablement autorisés par le directeur du mouvement des fonds, dans la limite des attributions qui lui sont données par le ministre. Ces autorisations sont générales ou spéciales. Elles sont toutes rendues définitives, pour chaque journée, après les opérations accomplies, et doivent être produites à la Cour des comptes, à l'appui du compte annuel.

Art. 10.

Le sous-caissier central supplée le caissier du trésor dans ses fonctions, soit pour la signature, soit pour la direction des caisses et bureaux. Le caissier central peut aussi être suppléé par le sous-caissier des recettes en numéraire, pour les récépissés des versemens faits à cette sous-caisse et pour les acquits à donner sur les effets à recouvrer. Il peut également déléguer sa signature , pour les mandats délivrés sur les départemens, au sous-caissier chargé de leur émission. Lorsque le service exige d'autres délégations, elles doivent être spécialement autorisées par le Ministre.

Art. 11.

Le caissier central est responsable des agens placés sous ses ordres, sauf son recours contre eux. En cas de force majeure ou de circonstances qu'il n'aura pas eu les moyens de prévenir, il pourra se pourvoir auprès du Ministre des finances, pour obtenir, s'il y a lieu, la décharge de sa responsabilité. Les décisions à intervenir sur les réclamations de l'espèce, seront prises au vu d'une délibération du comité des finances, et sauf appel au Conseil d'état.

Art. 12.

Les erreurs de caisse sont à la charge du caissier central qui reçoit, à cet effet, une indemnité annuelle à forfait.

Art. 13.

Le caissier central remet, chaque soir, à la direction du mouvement des fonds, et à la comptabilité générale, les relevés, bordereaux et documens destinés à faire connaître sa situation journalière. Il est tenu, en outre, de fournir les renseignemens qui lui sont demandés, à toute époque, en ce qui concerne leurs attributions respectives, par les directions administratives du Ministère.

Art. 14.

Le solde numéraire de la caisse centrale, à la fin de chaque journée, sera reconnu par le chef du contrôle et immédiatement renfermé dans une serre ou caisse à deux serrures. Le chef du contrôle restera dépositaire de l'une des deux clés ; l'autre sera conservée par le caissier central. Ce solde devra se composer exclusivement d'espèces ou billets de la Banque de France. Aucune valeur représentative, de quelque nature qu'elle soit, ne pourra en faire partie, sans être distinctement constatée par le contrôleur.

Le caissier central et le chef du contrôle procèdent, chaque matin, à l'ouverture de la caisse ou serre renfermant les soldes de la veille. Le caissier central en suit la distribution pour le service de la journée.

Art. 15.

La caisse centrale sera soumise, en outre, à des vérifications partielles ou générales qui seront faites par les inspecteurs des finances ou les agens délégués par le Ministre, à des époques indéterminées.

ARRÊTÉ du Ministre sur le Service du Payeur central du Trésor.

Du 25 Juillet 1832.

ARTICLE PREMIER.

Le service des dépenses des ministères et de la dette publique qui sont payables à Paris, est exécuté par le payeur central, et sous sa responsabilité.

ART. 2.

Les paiemens sont effectués au moyen de mandats à talon délivrés par le payeur central, ou par ses délégués, sur la caisse centrale du Trésor, et qui sont soumis au contrôle prescrit par les arrêtés des 20 mai et 24 juin 1832.

ART. 3.

Aucun mandat de paiement ne peut être délivré sur la caisse centrale s'il ne représente une dépense publique régulièrement ordonnancée, soit par les Ministres directement, soit par les ordonnateurs secondaires, en vertu des crédits de délégation qui leur sont ouverts par les Ministres.

ART. 4.

Le payeur central reçoit du directeur du mouvement général des fonds, en original ou en extrait, les ordonnances directes des Ministres et les ordonnances de délégation, après qu'elles ont été enregistrées et visées dans cette direction.

A la réception de ces ordonnances, le payeur central est tenu d'en faire passer les écritures générales prescrites par les instructions, et au fur et à mesure des paiemens, d'en établir le compte avec imputation sur lesdites ordonnances, de manière à en faire connaître journellement la situation.

7.

Art. 5.

Le payeur central se conforme, pour l'ordre de sa comptabilité, pour les justifications à exiger à l'appui des paiemens, pour les bordereaux à obtenir des ordonnateurs et pour les relevés et situations à fournir à ceux-ci, à toutes les instructions qui régissent le service des payeurs: il ne peut les modifier dans l'exécution qu'en vertu d'autorisations spéciales.

Art. 6.

Les paiemens des dépenses des ministères et ceux de la dette publique sont distribués en autant de bureaux que le Ministre juge nécessaire d'en établir, en raison des besoins du service.

Les mandats de paiement pour les dépenses des ministères ne sont délivrés qu'après l'examen des pièces et la reconnaissance de la régularité des justifications.

Pour les sommes portées sur les états d'arrérages de la dette inscrite, la délivrance des mandats de paiement, n'a lieu qu'au vu des inscriptions, des certificats de vie et des quittances, et qu'après que les inscriptions de rentes ont été revêtues du timbre de paiement des semestres acquittés, conformément aux dispositions de l'article 9 de la loi du 11 mai 1799 (22 floréal an VII).

Art. 7.

Les mandats sur la caisse centrale avec leurs talons et les pièces justificatives à l'appui sont remis signés aux contrôleurs placés près de chaque bureau de paiement, lesquels sont chargés de les viser, de les remettre aux parties, après en avoir détaché les talons qu'ils font passer à la caisse, et de rendre les pièces à l'appui au payeur, ainsi qu'il a été réglé par l'arrêté du 24 juin dernier.

Art. 8.

A la fin de chaque journée, le payeur central délivre au caissier du Trésor un récépissé comptable de la somme totale dont il a été disposé par mandat de paiement.

Après la délivrance du récépissé, les mandats qui en représentent le montant, sont remis par le caissier central au payeur.

Art. 9.

Le bureau de comptabilité du payeur central reçoit, à la fin de chaque journée, toutes les pièces justificatives des paiemens effectués par les divers bureaux. Ce bureau est spécialement chargé, sous les ordres du payeur central, de tous les travaux relatifs à l'établissement de ses comptes et de la formation des bordereaux et rélevés qu'il doit fournir périodiquement tant à la comptabilité générale des finances qu'aux divers ministres et ordonnateurs secondaires.

Art. 10.

Le payeur central peut, sous sa responsabilité, se faire suppléer par le chef de ses bureaux, soit pour la signature des récépissés à délivrer au caissier du Trésor, soit pour la direction de son service.

Art. 11.

Le payeur central est tenu de fournir tous les renseignemens qui lui sont demandés par les directions administratives du ministère, en ce qui concerne leurs attributions respectives.

Art. 12.

L'arrêté du 24 juin dernier ayant assuré, par des dispositions spéciales, le contrôle des faits de la gestion du payeur central, il est dispensé de remettre ses acquits mensuellement à la direction de la comptabilité générale des finances, et il les conserve, pour les envoyer directement à la Cour des comptes, au moment ou son compte annuel est transmis à la cour, après avoir été visé et certifié par le directeur de la comptabilité générale.

Art. 13.

Le payeur central est soumis à toutes les vérifications générales ou spéciales que le Ministre juge à propos d'ordonner.

Art. 14.

Le payeur central est seul comptable vis-à-vis de la Cour des comptes. Il lui est alloué une indemnité annuelle et à forfait en raison de la responsabilité qui lui est imposée par l'article 1er.

ART. 15.

Le payeur central propose la nomination de tous les employés placés sous ses ordres et les mesures relatives au personnel de ses bureaux.

ART. 16.

Il est en rapport direct avec le Ministre. Néanmoins, il ne doit prendre l'initiative sur aucune mesure concernant l'administration, la comptabilité et le service des dépenses, qu'en proposant d'en renvoyer l'examen à la direction compétente, laquelle donne son avis et prend les ordres du Ministre.

ART. 17.

Les ampliations des décisions du ministre relatives au service du payeur central lui sont transmises par le secrétariat général.

ARRÊTÉ du Ministre sur le Contrôle du caissier central du Trésor.

Du 24 Juin 1852.

ARTICLE PREMIER.

Le contrôle établi au Trésor est chargé,

1°. De constater contradictoirement toutes les recettes et dépenses du caissier central, et les diverses opérations de la caisse qui engagent le Trésor public;

2°. De vérifier la régularité des paiemens faits par le payeur central, en ses mandats sur la caisse du Trésor.

Ce contrôle est exercé par un contrôleur en chef et par des contrôleurs particuliers placés sous ses ordres.

Art. 2.

A cet effet, le contrôle est tenu,

1°. D'enregistrer successivement chacun des actes relatifs à l'entrée et à la sortie des fonds et valeurs ;

2°. De viser immédiatement les récépissés ou reconnaissances de toute nature délivrés par le caissier central, d'en séparer et retenir les talons, et d'appliquer le timbre sec du contrôle, au moment de leur création, sur les valeurs qui doivent le recevoir ;

3°. De s'assurer que les paiemens ont eu lieu en vertu d'autorisations et sur pièces régulières.

Art. 3.

Le contrôle forme une section spéciale qui ne dépend d'aucune des directions du ministère ; toutefois le contrôleur en chef est tenu de fournir aux différens chefs de service tous les renseignemens qui leur sont nécessaires pour leurs travaux respectifs.

Art. 4.

Le contrôleur en chef est nommé par le Ministre et lui rend compte directement des opérations du contrôle. Il lui soumet ses propositions dans l'intérêt du service ; mais il doit demander en même temps que l'examen en soit renvoyé aux directions compétentes, sur le rapport desquelles le Ministre se réserve de statuer.

Art. 5.

Le contrôleur en chef est dépositaire du timbre sec qui doit être apposé sur les valeurs du Trésor, conformément à l'article 2 du présent arrêté, paragraphe 2.

Il est aussi chargé de faire la reconnaissance journalière du solde en numéraire, et de rester dépositaire de la clé d'une des deux serrures de la caisse.

Art. 6.

Le contrôleur en chef est suppléé par un sous-chef du contrôle dans toutes les fonctions qui lui sont attribuées.

Art. 7.

Les contrôleurs particuliers sont placés d'après les ordres du contrôleur en chef près des sous-caisses ou bureaux de recette et de paiement, de la manière suivante :

Deux contrôleurs près de la sous-caisse des recettes en numéraire..... 2.

Un contrôleur à la sous-caisse des bons et autres valeurs du Trésor sur lui-même .... 1.

Un contrôleur à la sous-caisse des mandats sur les départemens........ 1.

Un contrôleur au bureau d'arrivée et des distributions des valeurs parvenues par la correspondance... 1.

Un contrôleur à la sous-caisse des paiemens du service de trésorerie... 1.

Un contrôleur à la sous-caisse de paiement des mandats délivrés par le payeur central.. 1.

Un contrôleur au comptoir central.................................... 1.

Onze contrôleurs aux bureaux de paiement du payeur central, savoir :

Huit pour le service de la dette publique...................... ⎫

Trois pour le service des ministères.......................... ⎭ 11.

NOMBRE TOTAL........ 19.

Art. 8.

Les contrôleurs aux sous-caisses des recettes en espèces et des émissions de valeurs, reçoivent, enregistrent et visent les bulletins de versement des parties, les rapprochent des récépissés, ou valeurs délivrées par les sous-caissiers, inscrivent les recettes, d'après ces pièces, sur des feuilles journalières, y apposent un visa et en séparent et retiennent les talons.

A la clôture des sous-caisses, ils additionnent leurs feuilles d'enregistrement les certifient et les remettent avec les talons des récépissés et des valeurs, au contrôleur en chef.

Art. 9.

Le contrôleur au bureau d'arrivée des valeurs remises par correspondance, reçoit du caissier communication des lettres d'envoi et des bordereaux de ces valeurs, les enregistre, les compare aux lettres d'avis communiquées par la direction du mouvement des fonds, et remet chaque soir son relevé au contrôleur en chef, après l'avoir certifié.

Art. 10.

Le contrôleur de la sous-caisse des paiemens de trésorerie prend communication des pièces de dépense, revêtues de l'acquit des parties prenantes, y appose un timbre de paiement, après en avoir reconnu la régularité, les enregistre, les rend au sous caissier, et en remet chaque jour au contrôleur en chef le relevé certifié.

Art. 11.

Le contrôleur de la sous-caisse établie près du payeur central y est placé temporairement, à l'ouverture de chaque semestre, à l'effet de vérifier la rentrée et le paiement des mandats délivrés par anticipation. Il les rapproche du relevé des mandats émis et les enregistre sur une feuille journalière qu'il remet au contrôleur en chef à la fin de chaque journée.

Art. 12.

Le contrôleur du comptoir central tient note des entrées et des sorties de numéraire qui résultent des mouvemens de fonds entre les sous-caisses; il vise les reçus auxquels ces mouvemens donnent lieu et en remet chaque soir le relevé sommaire au contrôleur en chef.

Art. 13.

Les onze contrôleurs aux bureaux de paiement du payeur central remplissent les fonctions suivantes :

1° Les trois contrôleurs des dépenses des ministères, sont chargés de s'assurer que les mandats du payeur central sur la caisse n'ont été délivrés qu'en vertu d'ordonnances ou de mandats réguliers des ordonnateurs, portant l'acquit des créanciers ou accompagnées de quittances; ils visent les mandats de paiement, les remettent aux parties après en avoir détaché les talons qu'ils passent au comptoir de la caisse; enregistrent les mandats, par ministère et exercice, sur des feuilles journalières, et frappent du timbre du contrôle les titres émanés de l'ordonnateur, qu'ils remettent ensuite au payeur central ;

2° Les huit contrôleurs des paiemens de la dette publique sont chargés de vérifier, au vu des inscriptions nominatives et du timbre de paiement dont le payeur les a revêtues, si les mandats tirés sur la caisse sont d'accord avec les arrérages réclamés; ils apposent sur le titre même un signe de contrôle qui indique cette vérification, visent les mandats de paiement et marquent du timbre du contrôle les quittances des parties. Pour les inscriptions *au porteur*, ils rapprochent le mandat du payeur central, du coupon détaché de l'inscription, le visent et apposent un timbre de paiement sur le coupon. Ils enregistrent les paiemens par échéance sur des feuilles journalières.

Chaque soir, les onze contrôleurs remettent leurs feuilles partielles au contrôleur en chef, après les avoir certifiées et en avoir reconnu la conformité avec les relevés de paiement établis par les divers comptoirs de la sous-caisse des dépenses.

ART. 14.

Dans le cas d'empêchement des contrôleurs particuliers, le contrôleur en chef est chargé de les remplacer par des suppléans.

ART. 15.

Le contrôleur en chef recueille les feuilles journalières établies par les contrôleurs placés près du payeur central et près des sous-caisses.

Il reconnaît si le total des onze feuilles partielles des contrôleurs près du payeur central s'accorde avec le récépissé que ce comptable fournit au caissier et qui est visé au contrôle.

Il résume ensuite les résultats de toutes les feuilles de contrôle dans un relevé général de recettes et de dépenses qui fait ressortir le solde à la charge du caissier, et dont il reconnaît chaque jour l'accord avec la situation établie par le comptable.

Il remet chaque soir au Ministre, après l'avoir certifiée, la situation des caisses formée d'après les élémens journaliers du contrôle.

ART. 16.

Le contrôleur en chef est spécialement chargé de viser les récépissés et reconnaissances délivrés par le caissier central en échange des remises de valeurs ou envois de fonds pour lesquels les décharges ne peuvent être données par les sous-caissiers au moment même de la recette.

Il vise aussi les bons que le caissier délivre sur la banque de France et qui doivent être présentés à la signature du directeur du mouvement des fonds, les acceptations du caissier central, les certificats d'actions sur les canaux, les bordereaux déclaratifs de recettes, et généralement toutes les pièces servant à constater la quotité des opérations effectuées à la caisse.

ART. 17.

Un réglement de service approuvé par le Ministre determinera les diverses mesures d'exécution du présent arrêté. Le contrôleur en chef ne pourra y apporter aucune modification avant d'en avoir obtenu l'autorisation sur un rapport motivé dont le renvoi aura été fait aux directions compétentes, conformément à l'article 4 du présent arrêté.

ARRÊTÉ du Ministre sur le contrôle du Payeur central.

Du 20 Mai 1832.

ARTICLE PREMIER.

A partir du 15 juin 1832, un contrôleur spécial sera placé auprès de chacun des trois bureaux de paiement pour les dépenses des ministères.

Contrôle des dépenses des ministères.

ART. 2.

Après la vérification par le payeur de la lettre d'avis ou du mandat de paiement délivré par l'ordonnateur secondaire, ou de toute autre pièce en tenant lieu, et des titres justificatifs à l'appui, ces pièces seront communiquées au contrôleur avec le mandat du payeur.

Art. 3.

Le contrôleur s'assurera que ce mandat n'est délivré qu'en vertu d'une ordonnance ou d'un mandat régulier de l'ordonnateur, et qu'il est conforme, pour la somme à payer, à la pièce portant l'acquit du créancier.

Il enregistrera le mandat du payeur sur une feuille journalière, avec distinction par ministère et exercice, et apposera son visa sur cette pièce.

Le contrôleur remettra à la partie le mandat de paiement en même temps qu'il fera passer le talon au comptoir, et il rendra au payeur l'acquit et les autres pièces qu'il aura reçues en communication, après avoir frappé du timbre du contrôle le titre émané de l'ordonnateur.

Art. 4.

Les contrôleurs au paiement de la dette inscrite, qui font partie des bureaux du payeur central, cesseront à partir du 15 juin 1832 d'être subordonnés à ce comptable.

Art. 5.

Dans chaque bureau, le contrôleur recevra en communication avec le mandat du payeur les inscriptions revêtues des timbres de tous les semestres réclamés et compris dans ledit mandat.

A côté de chacun des timbres de paiement, le contrôleur apposera, à l'aide d'un timbre particulier, un signe au moyen duquel on pourra reconnaître, lors des paiemens ultérieurs, que les semestres réclamés sont réellement dus.

Ce contrôleur, après s'être assuré que le mandat du payeur s'accorde pour son montant avec celui des semestres échus d'après les inscriptions, enregistrera les sommes appartenant à chaque semestre sur autant de feuilles distinctes. Ces feuilles énonceront que l'enregistrement y a été fait sur la représentation, et au vû par le contrôleur de l'inscription portant le timbre de paiement du semestre acquitté. Ensuite le contrôleur visera le mandat qu'il remettra au créancier avec son inscription, et fera passer le talon du mandat au comptoir.

Les quittances d'arrérages signées par les porteurs d'inscriptions seront, à la fin de la séance, communiquées au contrôleur, qui vérifiera si chacune de ces pièces est conforme pour la somme et pour le semestre payé avec ses enregistremens.

Après cette vérification chaque quittance sera frappée d'un timbre de contrôle.

Art. 6.

Aucun mandat ne devra être acquitté par la caisse centrale s'il n'est revêtu du visa du contrôleur.

Dispositions générales.

Art. 7.

Les contrôleurs au paiement des dépenses des ministères et de la dette inscrite seront subordonnés au contrôle central, comme le sont les contrôleurs aux sous-caisses.

Art. 8.

A la fin de chaque journée, chacun des contrôleurs aux bureaux de paiement arrêtera sa feuille de contrôle, et la certifiera après avoir vérifié s'il est d'accord, quant au montant des mandats délivrés, avec les relevés faits et les écritures tenues, tant dans le bureau de paiement qu'à la caisse centrale.

Art. 9.

Les feuilles journalières des contrôleurs spéciaux seront remises le jour même, par ces agens, au contrôle central, qui vérifiera si le total des feuilles partielles s'accorde avec le montant du récépissé à talon souscrit par le payeur des dépenses centrales pour les fonds délivrés sur ses mandats par le caissier du Trésor.

Art. 10.

Dans le cas d'empêchement des contrôleurs, le chef du contrôle central y pourvoira.

RÉGLEMENT et Ordre de service du Contrôle institué par l'Arrêté du Ministre des Finances en date du 24 Juin 1832.

Du 9 Octobre 1832.

Iʳᵉ PARTIE.

SERVICE PRÈS LA CAISSE CENTRALE.

RECETTES.

Versemens en espèces contre récépissés, ou reconnaissances à talon.

1. Les bulletins de versement signés par les parties versantes sont visés avant encaissement par les contrôleurs près la sous-caisse des recettes. Ils en portent le montant sur une feuille journalière et passent ensuite les bulletins aux agens de comptoir chargés de l'encaissement des fonds.

2. Les récépissés délivrés par le caissier central sont remis immédiatement après leur confection aux mêmes contrôleurs. Ces récépissés sont accompagnés des bulletins visés avant encaissement; les contrôleurs reconnaissent la conformité de ces pièces, enregistrent les recettes d'après les indications des récépissés et en détachent les talons, qu'ils retiennent par devers eux pour les transmettre à la fin de chaque journée au contrôleur en chef.

3. Les bulletins de versement destinés à servir de pièces de recette sont rendus par les contrôleurs au sous-caissier des recettes.

Encaissement de quittances d'arrérages de rentes et d'ordonnances, ou de mandats de paiement des ministères.

4. Les bordereaux établis à l'appui des quittances d'arrérages transmises par les receveurs généraux, et dont le payeur central effectue le paiement à la caisse, sont également visés avant encaissement par les contrôleurs de la sous-caisse des recettes.

5. Il en est de même des ordonnances, lettres d'avis et mandats de paiement délivrés par les ministres au nom du caissier central; pour ces dernières pièces de recette, les contrôleurs apposent leur visa sur le titre même.

6. Ils inscrivent le montant de ces bordereaux d'arrérages, ordonnances, lettres

d'avis ou mandats de paiement sur la feuille journalière destinée à l'enregistrement des bulletins visés avant encaissement.

7. A l'égard des récépissés que le caissier central doit délivrer pour ces recettes, soit aux ministères, soit aux receveurs généraux, soit aux correspondans du Trésor qu'elles concernent, le visa et la constatation contradictoire s'en opèrent ainsi qu'il a été dit au paragraphe 2.

8. La feuille des visa avant encaissement, ainsi que le livre des enregistremens sur récépissés, doivent ainsi présenter à la fin de chaque journée des résultats conformes au montant des recettes sur imputation déclarées par les écritures de la sous-caisse des recettes.

9. Cette règle est observée à l'égard des retenues exercées par le payeur central et dont il fait le versement le dernier jour de chaque mois après la clôture de ses opérations. Les contrôleurs, au vu de la pièce justificative de la recette, en inscrivent le montant sur la feuille des visa avant encaissement et sur le registre destiné à la constatation contradictoire des recettes. Le lendemain, et après la confection des récépissés auxquels ces retenues donnent lieu, ils les visent et en complètent l'enregistrement fait la veille d'une manière sommaire.

10. Quant aux versemens accidentels effectués après la clôture des écritures et dont il n'est délivré de récépissé qu'à la date du lendemain, ils sont soumis comme tous les autres versemens à la formalité immédiate du double visa et de l'enregistrement contradictoire en recette.

Les contrôleurs en portent le montant sur des feuilles préparées pour la journée du lendemain, et en remettent la note spéciale au contrôleur en chef.

11. Les contrôleurs signalent également à leur chef et prennent immédiatement note de l'entrée des fonds qui, par quelque circonstance fortuite ou exceptionnelle, sont versés ou arrivent à la caisse sans désignation d'imputation. Dans ce cas, et si l'encaissement de ces fonds donne lieu à la rédaction d'un bulletin ou d'un reçu provisoire, le bulletin et le reçu sont visés par les contrôleurs, et le montant en est enregistré comme recette sans imputation, sous la désignation de versement par anticipation.

12. Le contrôle reçoit de la direction du mouvement général des fonds communication de toutes les autorisations générales ou spéciales en vertu desquelles les bons royaux et les traites du caissier sur lui-même doivent être émis. Il tient note de ces autorisations.

13. Les versemens effectués à la sous-caisse des bons royaux donnent lieu à l'établissement préalable d'une pièce de recette, subdivisée en bulletin de versement, reçu provisoire et talon.

Le reçu provisoire, que le contrôleur sépare du bulletin destiné à la caisse, est visé par lui avant encaissement. Il en prend note sur une feuille de déclaration de versement, en détache et garde le talon, et passe le reçu provisoire à l'agent du comptoir chargé d'en faire, après encaissement, la remise à la partie versante.

14. Lorsque le bon royal est confectionné et signé par le caissier central, le contrôleur en constate la recette sur son registre ; le bon est ensuite frappé du timbre du contrôle et rapporté au contrôleur, qui le vise et en détache le talon.

15. Les bons au porteur ne reçoivent la formalité du visa qu'au moment de leur remise aux parties.

16. Ceux qui sont destinés à être remis en compte courant ou en paiement de dépenses publiques, sont seulement visés et constatés en recette par le contrôleur. Le contrôle s'assure en outre, par leur rapprochement avec les avis qu'il a reçus de la direction du mouvement général des fonds, que ces bons ne sont délivrés qu'en vertu d'autorisations préalables.

17. Les traites du caissier sur lui-même, émises pour le service des armées et des colonies, sont déposées au bureau du contrôleur en chef, signées du caissier central et accompagnées d'un bordereau énonciatif du montant de l'émission. Le contrôle s'assure que cette émission est autorisée, appose son timbre sur les traites, les vise, en constate immédiatement la recette sur un registre particulier, et les rend au caissier central pour en faire la remise à qui de droit.

18. Les traites émises en paiement d'ordonnances ou contre espèces, sur la demande particulière des ministères de la guerre et de la marine, sont soumises aux mêmes formalités.

19. Les versemens contre mandats sur départemens donnent lieu, comme les recettes contre bons royaux, à la délivrance d'un reçu provisoire divisé en trois parties : le contrôleur vise ce reçu avant encaissement, et en détache le talon, énonçant la somme à verser. *[Versemens contre mandats sur départemens.]*

20. Les mandats, après leur confection, lui sont remis, dûment signés et accompagnés du bulletin de versement.

Il compare ces pièces, reconnaît leur conformité, en constate la recette sur un registre, appose son visa sur le mandat, qu'il rend au sous-caissier après en avoir détaché et retenu le talon.

21. Le contrôleur tient un registre particulier pour la constatation en recette des mandats délivrés par la caisse des marchés de Sceaux et de Poissy. Cet enregistrement est effectué d'après les talons remis à la caisse par l'agent spécial du service et détachés des mandats au moment même de leur émission. *[Émission des mandats par le caissier de la caisse des marchés de Sceaux et de Poissy pour le compte du Trésor.]*

Le contrôleur, après s'être assuré que le montant de ses enregistremens est conforme au résultat du bordereau dressé par l'agent du service, vise le reçu donné sur ce bordereau par le sous-caissier des mandats. Il appose également son visa sur les lettres d'avis relatives à ces dispositions spéciales et adressées par le caissier central aux receveurs généraux ou particuliers sur lesquels les mandats ont été fournis.

22. Le contrôleur relève d'après les indications portées sur les reçus provisoires qu'il a visés, et tient note des commissions bonifiées au Trésor par les parties versantes sur les mandats émis à courts jours. Il en récapitule le montant pour le rapprocher de la recette périodique que le caissier central doit en faire. *[Commissions bonifiées au Trésor sur les mandats émis.]*

23. La constatation en recette des intérêts, escomptes et commissions dont le caissier central doit se charger dans ses écritures, est justifiée par un relevé ou bordereau mensuel dûment certifié, lequel, après avoir été vérifié par la direction du mouvement général des fonds, est visé par le contrôle, qui en reconnaît la conformité avec les recettes successivement constatées. Le bordereau sert de pièce justificative de recette à l'instar des talons de récépissés. *[Recette d'intérêts, d'escomptes et de commissions.]*

24. Le contrôleur au bureau d'arrivée des valeurs transmises au caissier cen- *[Remises en effets à terme.]*

et autres valeurs de porte-feuille adressées par correspondance au caissier central.

tral par correspondance reçoit communication des lettres et bordereaux qui accompagnent ces valeurs et en constate la recette sur son registre.

25. Il rapproche cet enregistrement des lettres d'avis communiquées au contrôle par la direction du mouvement des fonds, et remet chaque soir au contrôleur en chef :

1° Le relevé de ses enregistremens en recette; 2° celui des remises dont l'envoi se trouve annoncé par les lettres d'avis sans avoir figuré en recette dans les écritures du caissier central.

26. Le contrôle comprend le jour même dans ses situations contradictoires, et dans le solde de la caisse, les valeurs de porte-feuille dont il a constaté la recette sur son registre, et que le caissier central ne porte en recette définitive que le lendemain après un examen détaillé.

27. Les récépissés délivrés en contre-valeur de ces remises sont communiqués au contrôleur du bureau de l'arrivée. Celui-ci les compare à ses enregistremens de la veille et les remet après ce rapprochement au contrôleur en chef, qui les vise.

28. Le contrôleur en chef signale à la direction du mouvement des fonds chargée de donner suite à ce renseignement, les envois de valeurs dont la constatation en recette se trouve retardée dans les écritures de la caisse, ainsi que les remises dont les comptables omettent de donner avis.

Envois de fonds et versemens à la banque.

29. Le contrôle reçoit chaque jour, de la direction du mouvement des fonds, le relevé des procès-verbaux de chargemens et les avis de versemens destinés à faire connaître les envois et remises de fonds adressés par les comptables à la banque. Il rapproche ces documens des articles de recette portés sur le carnet, s'assure que les récépissés délivrés par le caissier central sont conformes aux énonciations de ce carnet et en constate contradictoirement la recette sur ses registres. Lorsque ces vérifications sont opérées, le contrôleur en chef vise les récépissés, et les rend à la caisse après en avoir fait détacher les talons.

30. Le contrôle signale au directeur du mouvement des fonds les envois ou remises de fonds en retard dont la recette ne se trouve pas constatée sur le carnet de la banque.

Réalisation ou

31. Les contrôleurs suivent la réalisation ou le retrait des pièces fausses ou altérées non admises par la banque et remises par elle à la sous-caisse des recettes.

A cet effet, le sous-caissier des recettes leur donne communication du carnet sur lequel se trouve consigné le dépôt de ces pièces, et lorsqu'à défaut du renvoi pur et simple, la réalisation s'en opère au profit des comptables, ils en constatent contradictoirement la recette sur leur registre, et visent les récépissés délivrés à cette occasion par le caissier central après en avoir détaché et retenu les talons.

32. Les mandats émis sur la banque par le caissier central sont visés au contrôle avant d'être présentés au visa du directeur du mouvement des fonds. Le contrôleur près la sous-caisse centrale est chargé de remplir cette formalité. Il vise le registre de la caisse, constate contradictoirement sur un carnet spécial l'émission de ces mandats et en adresse chaque jour un relevé qu'il certifie et que le contrôle remet à la direction du mouvement des fonds.

33. A l'égard des titres et valeurs que le caissier central n'admet que provisoirement, soit pour les réaliser au compte de divers, soit pour en faire la restitution aux parties et dont l'entrée ne donne lieu qu'à la délivrance d'un bulletin de dépôt ou accusé de réception, le contrôleur au bureau de l'arrivée de la correspondance en constate contradictoirement la recette provisoire sur son registre et vise le bulletin ou accusé de réception à talon délivré par la caisse.

34. Le contrôle constate également en recette l'entrée des inscriptions en dépôt pour cautionnemens et celle des titres divers de créances déposées entre les mains du caissier central chargé ou d'en recevoir les arrérages ou d'en opérer la régularisation ou de les conserver seulement à titre de gage. Les décisions ou autorisations administratives en vertu desquelles les dépôts doivent avoir lieu sont notifiées au contrôleur en chef, lequel vise, après en avoir fait détacher les talons, les récépissés que le caissier central en délivre.

DÉPENSES.

35. Le contrôleur de la sous-caisse des paiemens de trésorerie prend communication sur place des pièces de dépense revêtues de l'acquit des parties prenantes. Il y appose un timbre de paiement après en avoir reconnu la régularité ; il les enregistre, rend les pièces au sous-caissier et en remet chaque jour au contrôleur en chef le relevé certifié.

Notes marginales :

Renvoi des espèces altérées, rejetées des envois parvenus à la banque.

Mandats émis sur la banque pour retraits de fonds.

Recettes provisoires de valeurs à réaliser pour le compte de divers.

TITRES ET VALEURS EN DÉPÔT. Recettes des inscriptions en dépôt pour cautionnemens et de divers titres de créances.

Paiemens effectués par la sous-caisse des paiemens de trésorerie.

36. Il vérifie si les bons royaux, les traites du caissier sur lui-même et les mandats des receveurs généraux et des correspondans présentés au paiement sont bien arrivés à leur échéance.

37. Il s'assure, en cas d'acquittement avant échéance, que le sous-caissier n'admet ces valeurs au paiement, qu'au moyen d'un escompte autorisé par le caissier central, lorsque ces valeurs en sont susceptibles.

38. Le contrôleur se fait représenter le bordereau d'escompte visé à la direction du mouvement des fonds; prend note de son produit, afin que le contrôle puisse en rapprocher le montant de la recette que la sous-caisse des recettes doit en faire à la fin de la journée.

39. Relativement aux frais de service et de trésorerie, aux bordereaux d'intérêts se rattachant à des valeurs du porte-feuille de la caisse acquittées avant terme, aux retraits de fonds des correspondans du Trésor et paiemens faits pour leur compte, aux paiemens faits pour le compte des receveurs généraux et payeurs extérieurs, aux fonds remis à titre de subvention aux comptables des administrations des finances, aux remboursemens et restitutions diverses; il s'assure que la dépense n'en est effectuée qu'en vertu des autorisations préalables, générales ou spéciales de la direction du mouvement des fonds, et n'en constate contradictoirement la dépense qu'après cette vérification.

<table><tr><td>

Dépenses
des intérêts attachés
aux
bons royaux
lors
de leur émission.

</td><td>

40. Le contrôle, conformément aux règles tracées à la caisse, enregistre chaque soir la dépense résultant des intérêts attachés aux bons royaux émis dans la journée; mais il n'effectue cette constatation contradictoire, qu'après avoir reconnu qu'il a été simultanément fait recette, au compte des bons royaux émis, du montant de ces intérêts.

</td></tr><tr><td>

Envois de fonds.

</td><td>

41. Pour la constatation des envois de fonds à faire par le caissier central, le contrôle s'assure qu'ils ont été prescrits par la direction du mouvement des fonds, et délègue un contrôleur chargé d'assister à la pesée et à l'emballage des espèces; le procès-verbal qui le constate est signé par le contrôleur, concurremment avec le sous-caissier des recettes et le caissier central. L'une des expéditions du procès-verbal reste déposée au contrôle; le bulletin de chargement lui est communiqué; il le timbre et annote sur l'expédition du procès-verbal le jour du départ de l'envoi.

</td></tr></table>

42. Lorsque les comptables ou les correspondans du Trésor ont reçu les

fonds dont la caisse leur a fait l'envoi, les récépissés qu'ils en livrent pour couvrir le caissier central sont également communiqués au contrôle, qui en prend note et les frappe du timbre qu'il fait appliquer sur toutes les pièces de dépense de la caisse.

43. Le contrôle constate les dépenses de la sous-caisse chargée d'acquitter les mandats du payeur central, au moyen des feuilles que rédigent les contrôleurs placés auprès de ce dernier comptable, et du récépissé cumulatif que le payeur délivre à la caisse à la fin de chaque journée. Ce récépissé est estampillé du timbre du contrôle.

Paiemens effectués par la sous-caisse établie près du payeur central.

44. Le contrôle tient registre de la sortie de toutes les valeurs de porte-feuille comprises dans le solde général de la caisse. Il vise les reçus qui en déchargent les sous-caissiers des porte-feuilles, et en constate contradictoirement la sortie d'après les autorisations régulières de la direction du mouvement des fonds. Les récépissés délivrés par les comptables ou les accusés de réception transmis par les correspondans auxquels les valeurs ont été adressées, lui sont communiqués au fur et à mesure de leur arrivée à la caisse. Il émarge les envois parvenus aux destinataires, timbre les récépissés de son visa et les réintègre à la caisse.

Envois et remises de valeurs de porte-feuille.

45. A l'égard des bons royaux et des mandats émis pour être adressés en compte courant à des comptables ou à des correspondans du Trésor, il en constate la sortie, en recourant d'abord aux autorisations de la direction du mouvement des fonds qui en ont motivé la délivrance et indiqué la destination, et de plus en s'assurant que les sous-caisses d'émissions ont fait recette de ces valeurs pour une somme égale à leur sortie.

Bons royaux et mandats remis en compte courant.

46. Les décisions du Ministre en vertu desquelles la caisse doit opérer la restitution aux parties, des rentes en dépôt pour cautionnemens, sont notifiées au contrôle; les quittances ou décharges données par les parties lui sont représentées. Il s'assure de la conformité des restitutions avec les dispositions des décisions qui les ont autorisées. Il en constate la sortie sur ses registres et timbre de son visa les pièces justificatives de ces dépenses.

Restitution d'inscriptions de rentes en dépôt pour cautionnemens.

47. Il en est de même à l'égard de la restitution des titres de créances et des valeurs de diverses natures en dépôt pour garantie. Les autorisations d'après

Restitution des

lesquelles ces restitutions sont opérées, ainsi que les reconnaissances ou pièces de décharge signées par les parties, sont présentées au contrôle, qui en vérifie la conformité, les enregistre en dépense et les estampille de son visa.

48. Lorsque la sortie des valeurs entrées à titre provisoire s'opère par leur remise pure et simple à qui de droit, cette dépense est justifiée au contrôle par la production des reçus signés des parties ; le contrôle frappe ces reçus de son timbre de visa, en constate le montant en dépense sur ses livres et les réintègre à la caisse. Si leur sortie donne lieu au contraire à un enregistrement définitif en recette, l'accusé de réception est converti en récépissé à talon.

Le contrôle estampille de son visa la première de ces deux pièces, vise le récépissé dont il sépare et garde le talon, et en constate également la dépense sur ses livres, en s'assurant que le caissier central s'est bien constitué en recette d'une somme égale à cette dépense.

49. Au trente-un décembre de chaque année, l'entrée et la sortie des valeurs admises et enregistrées pendant l'année à titre provisoire, seront contre-passées par un article d'annulation dans les écritures ; et celles de ces valeurs demeurées entre les mains du caissier sont l'objet d'un nouvel article d'entrée dont il est fait enregistrement le 2 janvier de l'année suivante, et qui donne lieu à la délivrance de nouveaux bulletins à talon ; le contrôle appose son timbre d'annulation sur les anciennes pièces de recette, retient les nouveaux bulletins et ne les remet à la caisse revêtus de son visa qu'après s'être assuré que la recette en a été rétablie par le caissier central dans les écritures de l'année suivante.

Le contrôle s'assure également que la présence de ces mêmes valeurs entre les mains du caissier central est déclarée sur la situation de la caisse, parmi les valeurs à passer dans les écritures, de manière à pouvoir être saisies par la vérification de fin d'année.

VIREMENS ET MOUVEMENS DE FONDS ENTRE LES SOUS-CAISSES.

50. Les reçus provisoires donnés par le sous-caissier des recettes en espèces pour les valeurs qui lui sont remises par les porte-feuilles afin d'en faire opérer l'encaissement, sont produits à l'un des contrôles de cette sous-caisse.

Le contrôleur vise les reçus, en prend note, en porte le montant sur la situation de la sous-caisse dont il justifie la conformité avec ses écritures, et s'assure le jour suivant que ces valeurs sont comprises dans la déclaration de recette de la sous-caisse pour une somme égale au montant des reçus qu'il a visés la veille.

51. Le contrôle s'assure chaque soir que les déclarations de recettes inscrites par la banque sur le carnet, sont conformes aux sorties de valeurs constatées par les sous-caissiers des porte-feuilles. Ce n'est qu'après cette vérification qu'il consigne ces viremens dans le résumé destiné à présenter contradictoirement l'ensemble des opérations de la caisse.

Remises de valeurs
à la banque
pour
en opérer
l'encaissement.

52. Les mouvemens de fonds nécessités par le service des caisses s'opèrent tous exclusivement par l'intermédiaire de la sous-caisse centrale. Le contrôleur placé près de cette sous-caisse est chargé de constater contradictoirement les entrées et les sorties de fonds auxquelles ces mouvemens donnent lieu. A cet effet, le contrôleur vise les reçus des sous-caissiers et du chef de comptoir de la sous-caisse centrale, et en constate à-la-fois le montant sur un compte ouvert par sous-caisse et sur une feuille journalière destinée à faire ressortir le solde en numéraire dont le contrôleur en chef doit reconnaître l'existence avant la fermeture des caisses.

Mouvemens
de fonds
entre les sous-caisses.

53. Lorsque la sous-caisse centrale se trouve dans le cas de coopérer momentanément aux opérations de recette et de dépense des autres caisses d'espèces, le contrôleur de cette sous-caisse remplit les obligations imposées aux contrôleurs de recette et de dépense. S'il s'agit de recouvrement, il vise les bulletins de versement avant encaissement, et les récépissés provisoires que délivre le caissier central, et tient note de leur montant. S'il s'agit de paiement, les pièces de la dépense lui sont communiquées revêtues de l'acquit des parties; il y appose le timbre de paiement, et en constate contradictoirement la dépense. Les feuilles d'enregistrement qu'il tient dans ces deux cas sont distinctes de celles destinées à la constatation des viremens et des mouvemens de fonds entre les sous-caisses.

Recettes
ou paiemens
que
la sous-caisse
centrale
peut être chargée
d'effectuer.

VISA DES ACCEPTATIONS ET DES TITRES A L'ÉGARD DESQUELS LA SIGNATURE DU CAISSIER CENTRAL ENGAGE LE TRÉSOR

54. Les mandats et traites susceptibles d'acceptations sont présentés au bureau de la direction du mouvement des fonds chargé de la comptabilité des effets

Acceptations.

à payer. Il en est formé des bordereaux qui sont ensuite remis au contrôle avec les traites et mandats. Ces bordereaux ne sont signés par le directeur du mouvement des fonds qu'après avoir été enregistrés et visés au contrôle, qui les rapproche des autorisations dont il a été précédemment informé. Les traites et mandats sont alors rendus au bureau des effets à payer, qui les remet au caissier central pour être revêtus de l'acceptation.

55. Les actions de canaux échangées, renouvelées, reconstituées ou libérées, que le caissier central est tenu de signer ou de quittancer, sont également soumises au visa du contrôle. Les bordereaux établis par les parties, ainsi que les titres échangés, lui sont présentés; il en vérifie l'identité; s'assure que les termes que résument les quittances finales ou cumulatives ont bien été libérés; appose le timbre d'annulation sur les titres échangés, renouvelés ou reconstitués; garde l'un des bordereaux établis par les parties; vise les nouvelles actions et les remet après ces formalités à la caisse. Il est tenu au contrôle des registres spéciaux où ces diverses opérations sont consignées.

OPÉRATIONS DU CONTROLE CENTRAL.

56. Les résultats tant en recette qu'en dépense que présentent les feuilles remises chaque jour par les contrôleurs, sont résumés dans un relevé général, avec distinction des opérations effectives et des opérations de virement.

Sur ce relevé, qui a pour base le solde constaté la veille à la caisse centrale, sont rapportées les opérations de recette et de dépense du jour par nature de valeurs. Il comprend aussi les valeurs entrées dans le jour, mais que le caissier central ne peut admettre définitivement qu'à la date du lendemain. Cet état se résume par le solde général de toutes les valeurs présentes le soir à la caisse, avec la distinction du solde numéraire dont le contrôleur en chef doit reconnaître contradictoirement l'existence avant la fermeture des caisses.

57. La situation que le contrôle doit remettre chaque jour au ministre est extraite de ce résumé. Cette situation est certifiée par le contrôleur en chef.

58. Il est tenu au contrôle central un registre sur lequel sont relevées les recettes et les dépenses consignées sur les feuilles journalières établies par les contrôleurs.

Le contrôleur en chef vise chaque jour le bordereau de recette et de dépense que le caissier central remet à la comptabilité générale.

59. Les talons de recette retenus au contrôle y sont classés, par chapitre et article de compte, et remis à la comptabilité générale accompagnés de bordereaux.

60. Le contrôle reçoit chaque jour de la caisse centrale,

1° Les états de mouvement ou situation de chaque sous-caisse, certifiés:

2° Le relevé des envois de fonds et des versemens reçus par la banque;

3° Celui des annulations, changemens d'imputation et redressemens opérés dans les écritures de la caisse.

61. Les bordereaux et états établis par la caisse pour obtenir de la direction du mouvement des fonds les autorisations régulières de dépense qui doivent être produites à la cour des comptes, à l'appui du compte annuel du caissier central, sont communiqués chaque jour au contrôle, qui les vise après en avoir reconnu la conformité avec ses enregistremens.

62. Le contrôle tient note de l'emploi du papier filigrané et des valeurs du trésor; il vise les bons à imprimer, établit contradictoirement, à des époques périodiques, la situation de ce matériel, et en reconnaît la conformité avec les déclarations des sous-caissiers dépositaires, vise ces déclararations qu'il rend au caissier central.

IIᵉ PARTIE.

SERVICE PRÈS LE PAYEUR CENTRAL.

63. Le contrôleur reçoit en communication du payeur, la lettre d'avis ou mandat délivré par l'ordonnateur, les titres justificatifs indiqués à l'appui de la dépense et le mandat de paiement émis sur la caisse du Trésor.

64. Le contrôleur s'assure de la régularité du mandat de l'ordonnateur et de la production des pièces justificatives dont le paiement doit être appuyé; il reconnaît la conformité de la somme à payer portée au mandat, et que la caisse doit acquitter avec celle qui est énoncée au titre quittancé par le créancier. Après

---

Notes marginales :

Classement et remise des talons de récépissés à la comptabilité générale.

De pièces de comptabilité et pièces justificatives à fournir ou à communiquer au contrôle par la caisse centrale.

Autorisations de dépense délivrées à la caisse par la direction du mouvement des fonds.

Contrôle relatif au papier filigrané, et formules servant à l'émission des valeurs du Trésor.

DÉPENSES DES MINISTÈRES.

Paiement sur ordonnances des ministres et mandats des ordonnateurs secondaires.

cette vérification, le contrôleur enregistre la dépense sur sa feuille journalière, et vise le mandat de paiement; il en détache le talon, le passe au comptoir, frappe du timbre du contrôle la lettre d'avis, le mandat ou tout autre titre émané de l'ordonnateur portant la quittance du créancier, et rend les pièces au payeur.

65. Le contrôleur opère ses enregistremens journaliers sur une feuille particulière pour chaque ministère. Cette feuille est ouverte, par exercice, avec distinction des paiemens sur ordonnances directes et des paiemens sur mandats des sous-ordonnateurs. Elle est récapitulée chaque soir, et les résultats en sont contradictoirement reconnus et certifiés exacts par le contrôleur et le payeur avant qu'elle soit remise au contrôleur en chef.

66. Dans le cas où des ordonnances et mandats collectifs ne peuvent être payés simultanément à tous les ayant droit y dénommés, le contrôleur vise les pièces, comme il est dit ci-dessus, mais il n'inscrit sur sa feuille que la somme payée, et garde note des parties restées en suspens. Il en est de même pour les ordonnances et mandats particuliers dont le paiement immédiat n'est fait que par à-comptes.

67. Lors des paiemens ultérieurs sur les mêmes ordonnances et mandats, les pièces justificatives ayant été primitivement fournies, le contrôleur se borne à comparer les quittances et les mandats de paiement avec les annotations, et à en reconnaître la conformité pour les noms et les sommes : il enregistre le mandat sur sa feuille de journée avec mention particulière, timbre les quittances du visa du contrôle et les rend au payeur.

<table><tr><td>

Paiemens faits
à titre d'avance
à des
agent spéciaux
des services
administratifs
régis par économie.

</td><td>

68. Le contrôleur opère à l'égard des payemens faits à titre d'avance pour des services régis par économie selon la marche précédemment tracée, mais attendu que ces paiemens représentent des avances de fonds dont l'emploi doit être justifié par pièces régulières dans le délai d'un mois, aux termes de l'ordonnance du 14 septembre 1832, le contrôleur en tient note sur un carnet particulier, et il constate leur régularisation d'après les pièces, au fur et à mesure qu'elles sont produites au payeur et que le comptable les lui fait représenter.

Il signale au directeur de la comptabilité générale des finances les retards que ces reproductions de pièces pourraient éprouver.

</td></tr><tr><td>

PAIEMENT
DE LA

</td><td>

69. Les inscriptions de rentes revêtues du timbre de paiement des arrérages réclamés et les quittances des porteurs sont, ainsi que le mandat de paiement,

</td></tr></table>

communiqués par le payeur au contrôleur; celui-ci s'assure que les semestres à payer sont exigibles. Il compare leur montant avec la somme portée au mandat du payeur et en reconnaît la conformité; il enregistre le paiement sur sa feuille de journée, appose sur l'inscription, à la place réservée, le signe du contrôle, vise le mandat, en passe le talon au comptoir etrem et le mandat ainsi que l'inscription à la partie prenante.

70. Conformément à l'article 13 de l'arrêté du 24 juin dernier, les quittances des porteurs sont frappées immédiatement du timbre du contrôle, et ce n'est que dans le cas de la trop grande multiplicité des paiemens que l'accomplissement de cette formalité peut être différée jusqu'à la fin de la journée.

71. Le contrôleur opère ses enregistremens sur des feuilles de journée distinctes par nature de dettes; à la fin de la séance, il récapitule les feuilles d'enregistrement, en compare les résultats, tant pour les sommes que pour les imputations, avec les écritures du payeur. Il certifie ces feuilles contradictoirement avec le comptable, et les remet au contrôleur en chef.

72. Le contrôleur reçoit en communication du payeur qui les a rapprochés du talon, les coupons d'arrérages détachés des inscriptions au porteur et le mandat de paiement. Il les compare, reconnaît les sommes dues d'après l'échéance du semestre indiqué sur chaque coupon. Il frappe ceux-ci du timbre du contrôle, enregistre la dépense, vise le mandat, le remet à la partie et en passe le talon au comptoir.

73. Le paiement des arrérages de rente s'effectue sur des quittances visées à la direction de la dette inscrite, lorsque les inscriptions auxquelles ces arrérages se rattachent sont en cours de transfert. Dans ce cas, le certificat d'inscription annulé a été frappé aux bureaux du grand-livre d'un timbre particulier de paiement, et n'est point produit au payeur, qui ne communique au contrôleur, avec le mandat de paiement, que la quittance visée; le contrôleur reconnaît, pour les noms et les sommes, la conformité des mandats avec les quittances, et s'assure de l'identité des signatures accréditées par la direction de la dette inscrite pour revêtir ces quittances d'un visa d'autorisation; il enregistre les paiemens sur sa feuille journalière d'après ces pièces, et y appose le timbre du contrôle avant de les rendre au payeur.

74. Les certificats de dépôt de procuration, sont assimilés aux inscriptions elles-mêmes, et ils en tiennent lieu pour réclamer le paiement des arré-

rages échus. Dans ce cas, le contrôleur se conforme aux règles tracées par l'article 68; mais de plus, lorsque le porteur d'un certificat de procuration réclame pour la première fois sur ce titre le paiement d'un ou plusieurs semestres, le contrôleur doit s'assurer que le montant en est exigible d'après l'époque de la cessation du paiement, sur les inscriptions originales que la direction de la dette inscrite a indiquées en marge du certificat de procuration.

75. Le contrôleur reçoit du payeur, au fur et à mesure que les vérifications sont opérées, le bordereau de dépôt auquel sont jointes les inscriptions revêtues du timbre du payeur. Il appose sur les certificats d'inscription le signe du contrôle, opère l'enregistrement de la dépense, en compare le montant avec le mandat qui lui est communiqué, en reconnaît la concordance, et rend au payeur le mandat non visé, après en avoir détaché le talon, qu'il retient ainsi que les inscriptions.

76. L'enregistrement des mandats d'arrérages sur inscriptions déposées se fait sur des feuilles distinctes, présentant la date de l'émargement, du semestre, et celle de l'échéance donnée aux mandats de paiement. Ces feuilles sont récapitulées à la fin de la séance; le contrôleur en reconnaît et certifie la conformité avec les écritures du payeur : il dresse un bordereau nominatif des mandats à payer, arrête ce bordereau contradictoirement avec le comptable, y joint les talons et remet ces pièces, ainsi que la feuille d'enregistrement, au contrôleur en chef.

77. Ces inscriptions dont le paiement a été enregistré sont déposées dans une armoire dont le contrôleur garde la clé.

78. Pour obtenir la remise des titres, les porteurs présentent au contrôleur le mandat qu'ils ont reçu du payeur en échange du bulletin de dépôt; le contrôleur vise ce mandat et le rend au porteur, ainsi que les inscriptions.

79. Les inscriptions déposées et les mandats préparés, dont le retrait n'a point été fait l'avant-veille au soir du jour de l'ouverture du semestre, sont réunis dans un bureau spécial près duquel le contrôleur en chef établit un contrôleur chargé de viser les mandats et d'opérer la remise des titres aux parties.

80. Le contrôleur en chef transmet jour par jour au sous-caissier des dépenses les bordereaux nominatifs des mandats délivrés sur inscriptions déposées, ainsi que les talons qui lui ont été remis par les contrôleurs ; il lui en est donné reçu en marge du bordereau de remise.

81. Lorsque, par suite de demandes faites par les parties avant l'ouverture du semestre, il y a lieu d'opérer des modifications et changemens dans les mandats déjà préparés, le contrôleur reçoit du payeur, en communication, un nouveau mandat dont il retient le talon ; il rectifie la feuille d'enregistrement sur laquelle avait été porté l'émargement du semestre à payer, se fait représenter la quittance du porteur, biffe sur cette quittance le visa du contrôle, et sur l'inscription le timbre du semestre payé, et rend les pièces au payeur, qui en fait donner décharge par la partie sur le bordereau du dépôt. Le contrôleur remet immédiatement au chef du contrôle le talon du nouveau mandat, qui doit être échangé contre le talon primitif à rendre au payeur.

82. Le jour d'ouverture du paiement du semestre, le contrôleur placé temporairement près la sous-caisse chargée d'acquitter les mandats délivrés sur inscription déposées, reçoit du sous-caissier les mandats en communication au fur et à mesure qu'ils sont payés. Il en fait le relevé par bureau, numéros et sommes sur une feuille de journée, il opère le rapprochement des sommes qu'il a inscrites avec les feuilles d'enregistrement des contrôleurs de la dépense, certifie leur conformité, et remet son travail au contrôleur en chef pour compléter la somme de paiemens du jour, représentée par le récépissé cumulatif du payeur.

83. Indépendamment des formalités de contrôle prescrites par les articles 68 et 69 du présent réglement, à l'égard du paiement des arrérages des rentes perpétuelles et qui sont applicables au paiement des rentes viagères, pensions et rentes perpétuelles constituées en majorats ou usufruit avec mention spéciale de n'être acquittées que sur la représentation de certificats de vie, le contrôleur doit s'assurer de la production des certificats de vie des titulaires et des droits acquis au paiement des arrérages réclamés.

84. Les contrôleurs indiquent, sur leurs feuilles journalières et en regard du paiement, les retenues exercées soit sur les ordonnances des ministres, soit sur les arrérages réclamés des rentes et pensions : ils les additionnent, à la fin de la journée, et en transportent le montant sur une feuille cumulative ; ils récapitulent cette feuille le dernier jour du mois et la remettent au contrôleur en chef, qui fait vérifier la concordance de ces résultats avec les récépissés de recette visés au contrôle.

OPÉRATIONS DU CONTROLE CENTRAL SUR LES DÉPENSES DU PAYEUR.

85. Les paiemens effectués chaque jour sur les mandats du payeur central sont récapitulés au contrôle par ministère et exercice, et pour la dette publique par nature de dette ; le montant total de la récapitulation est rapproché de celui du récépissé cumulatif que le payeur a souscrit au nom du caissier central lorsque l'accord en a été reconnu. Le récépissé reçoit le timbre du contrôleur, et le contrôleur en chef vise le talon, qu'il détache et retient entre ses mains.

86. Chaque jour il est formé un bordereau général des paiemens. Le contrôleur en chef certifie ce bordereau conforme au montant des mandats partiels qui ont été visés par les contrôleurs, et le transmet au directeur de la comptabilité générale des finances.

87. Il transmet également à la comptabilité générale à l'expiration de chaque mois les talons des récépissés fournis par le payeur central.

88. Il est tenu au contrôle un sommier pour l'enregistrement cumulatif des opérations du payeur central constatées chaque jour par les contrôleurs.

SECTION DEUXIÈME.

Arrêté du Ministre sur le Service de la Dette inscrite.

Du 9 Octobre 1832.

ARTICLE 1er.

Le directeur de la dette inscrite est chargé, sous les ordres du ministre des finances, de suivre et de diriger les travaux relatifs à l'inscription sur le grand livre du Trésor public, des rentes de toute nature, perpétuelles et viagères, dont les lois des finances ont autorisé la création.

Il est tenu de surveiller et de contrôler tous les actes de divers comptables ou agens chargés d'opérer ou de constater, soit à Paris, soit dans les départemens, les mouvemens de ces deux espèces de dette.

Il doit, en vertu des décisions royales ou ministérielles, faire opérer les radiations provisoires ou définitives des inscriptions portées au grand-livre, et les rétablissemens qu'il y a lieu d'admettre.

ART. 2.

Il est chargé de veiller à l'insertion, dans les immatricules, des clauses qui peuvent modifier la nature de la propriété des rentes; il concourt, en ce qui le concerne, et dans les cas réservés par les lois et les réglemens, à assurer l'effet des oppositions judiciaires ou administratives, ainsi que l'exécution des jugemens et autres actes signifiés au Trésor par suite des inscriptions faites ou à faire.

Les rémobilisations, divisions, réunions, rectifications, renouvellement de titres; les conversions de rentes nominatives en rentes au porteur, et réciproquement, ainsi que les conversions de rentes directes ou payables à Paris en rentes départementales, *et vice versâ*, sont effectués sous sa direction et sous sa surveillance.

Art. 3.

Pensions.

Le directeur de la dette inscrite est également chargé de suivre et de diriger le travail relatif à l'inscription, sur les livres du Trésor public, des pensions de toute nature imputables sur les fonds généraux de l'État; de surveiller et de contrôler l'action des agens chargés d'opérer ou de constater les divers mouvemens de cette nature de dette.

Il soumet à l'approbation du ministre les liquidations qui doivent être arrêtées par lui, et prépare le travail de révision prescrit par la loi du 25 mars 1817, pour celles de ces liquidations qui sont établies dans les autres ministères.

Il présente au ministre les projets d'ordonnance relatifs, soit à l'inscription, soit à l'imputation sur les crédits législatifs : quand la pension a été liquidée dans un autre ministère, il prépare seulement le projet d'ordonnance pour l'imputation de la dépense.

Il propose les suspensions, les radiations ou les rétablissemens des pensions, et fait exécuter les prélèvemens et retenues à exercer sur les pensionnaires en vertu de jugemens ou de dispositions législatives.

Il doit veiller à l'exécution des lois prohibitives du cumul et à celle des jugemens qui suspendent le paiement des retraites militaires.

Il veille à l'application des réglemens relatifs au séjour à l'étranger des militaires pensionnés par l'État.

Art. 4.

Cautionnemens.

Le directeur de la dette inscrite est chargé de faire inscrire tous les capitaux qui sont versés en numéraire à titre de cautionnemens, soit à Paris, soit dans les départemens, par les divers comptables et les fonctionnaires et les employés publics; de délivrer les certificats qui servent à l'installation des titulaires.

Il fait enregistrer les déclarations d privilège de second ordre, et en donne acte au bailleur de fonds.

Il fait opérer, en vertu des décisions du ministre, les applications de cautionnemens déjà versés à la garantie d'une gestion nouvelle.

Art. 5.

Les bordereaux de mois, de trimestre, de semestre ou d'années, qui servent à la délivrance des ordonnances de paiement, tant à Paris que dans les départemens, des sommes dues pour arrérages de rentes et pensions, pour remboursemens de capitaux ou pour intérêts de cautionnemens, sont établis par les soins et sous la surveillance du directeur de la dette inscrite. *Paiement d'intérêts et remboursement de capitaux.*

Il est chargé de recevoir toutes les demandes adressées par les parties pour changer le lieu de leur paiement, et de faire viser toutes les quittances remises après l'ouverture des semestres, lorsque le paiement des arrérages est demandé dans un département autre que celui où la dépense est ordonnancée.

Il fait établir les bordereaux et décomptes servant à l'annulation ou la réduction des ordonnances applicables au paiement des capitaux, des cautionnemens ou des intérêts de la dette.

Art. 6.

La direction de la dette inscrite tient les livres et écritures destinés à retracer les opérations de son service, et qui sont nécessaires pour la suite et le contrôle administratif de ses différentes parties. *Contrôle et comptabilité.*

En exécution de l'arrêté du 30 décembre 1829, elle est de plus chargée de la tenue d'une comptabilité centrale qui résume toutes ses opérations.

Elle doit fournir chaque mois à la comptabilité générale des finances, la situation des comptes ouverts en vertu de l'arrêté précité. Dans le cas de la négociation d'un emprunt en rentes, la situation des inscriptions qu'elle a délivrées pendant le jour doit être fournie tous les soirs au ministre, et communiquée à la comptabilité générale.

Le directeur de la dette inscrite se fait remettre par le contrôle des caisses du Trésor, les bordereaux et bulletins des versemens opérés à la caisse centrale, soit en mandats du payeur, pour les créances des exercices arriérés, soit en numéraire à valoir sur les emprunts.

11

Art. 7.

Le directeur de la dette inscrite arrête et signe tous les ans, le 31 décembre, les livres qui servent à constater les divers mouvemens qui se sont opérés dans les fonds qui composent ce service.

Ces livres sont soumis à l'examen et à la vérification de la commission instituée par l'ordonnance du Roi du 10 décembre 1823.

La commission vérifie les écritures spéciales à la comptabilité des cautionnemens, et en constate la conformité avec les résultats présentés par le compte général des finances.

Art. 8.

Agens de change.

Le directeur de la dette inscrite est spécialement chargé du travail résultant des dispositions de l'ordonnance royale du 29 mai 1816, relatives à la compagnie des agens de change près la Bourse de Paris, tant pour les nominations à proposer au Roi, que pour l'exécution des réglemens. Il prépare la correspondance avec le syndic sur tous les objets qui peuvent intéresser la surveillance attribuée au ministre.

Il se concerte avec les directeurs du mouvement général des fonds et du contentieux pour les affaires qui exigent leur intervention, et dépose au secrétariat particulier les projets d'ordonnance relatifs au personnel.

Art. 9.

Dispositions générales.

Il correspond, au nom du ministre, avec les administrations, les fonctionnaires publics, les comptables et les particuliers pour les affaires qui sont dans ses attributions ou qui dérivent des instructions générales arrêtées par le ministre.

Il est spécialement chargé de transmettre aux notaires certificateurs les instructions relatives à la délivrance des certificats de vie, et de veiller à l'exécution des réglemens et à l'application des tarifs arrêtés par l'administration pour le prix des actes qui intéressent les pensionnaires ou les rentiers viagers.

Art. 10.

Division du travail.

Le travail de la direction de la dette inscrite est distribué en cinq bureaux;
Savoir :

1° Le bureau central et de contrôle administratif;

2° La section des transferts et mutations;

3° La section du grand-livre;

4° La section des pensions;

5° La section des cautionnemens;

Le travail se répartit de la manière ci-après, entre ces cinq sections:

Section des Transferts et Mutations.

Réception des déclarations des titulaires de rentes;

Réception des certificats des agens de change, des notaires, et des différentes pièces produites à l'appui des transferts et des mutations;

Expédition des certificats de transfert et de mutations sur lesquels le grand-livre inscrit les créanciers;

Formation et envoi au directeur du relevé des opérations faites pendant la journée;

Présentation à la cour, du compte annuel des opérations de transfert et de mutation;

Section du Grand-livre.

Inscription nominative sur le grand-livre des créanciers de l'État; rétablissemens autorisés par le ministre, et radiations ordonnées par les lois et ordonnances;

Formation des bordereaux servant à l'ordonnancement des arrérages des rentes et des décomptes pour la réduction ou l'annulation des ordonnances;

Tenue des registres nécessaires à l'établissement, à l'ordonnancement et au paiement des rentes de toute nature;

Formation et remise au directeur de la dette inscrite du relevé journalier des inscriptions délivrées;

Présentation, à la cour, du compte annuel des opérations relatives à l'accroissement ou à la diminution de la dette en rentes sur l'état, perpétuelles et viagères;

Les deux sections ci-dessus sont confiées à deux agens comptables, personnellement responsables, vis-à-vis du Trésor, et assujettis au versement d'un cautionnement de 50,000 francs en numéraire ou en rentes représentant ce capital;

Section des Pensions.

Liquidation, révision et inscription des pensions de toute nature, sur les fonds généraux de l'état; suspension et radiation définitive de ces pensions;

11.

Tenue des écritures relatives à ce service, préparation des bordereaux et décomptes d'arrérages, rédaction des rapports, des projets d'ordonnances et de la correspondance;

Présentation à la cour, d'un compte faisant connaître la nature et l'origine des accroissemens et des diminutions survenues dans les pensions pendant l'année.

Le chef de cette section, quoique rendant compte à la cour, n'est pas assujetti au versement d'un cautionnement; c'est un comptable d'ordre.

Section des Cautionnemens

Inscription des cautionnemens, des priviléges consentsi par les titulaires aux noms des bailleurs de fonds;

Tenue des livres et écritures qui constatent les versemens opérés, ainsi que les remboursemens de capitaux et les paiemens d'intérêts effectués;

Préparation des bordereaux servant à l'ordonnancement de ces divers paiemens, ainsi que la correspondance et les rapports au ministre.

Section du Bureau central et du Contrôle administratif.

Tenue des relevés contradictoires et des registres établissant le contrôle administratif des services confiés à la direction de la dette.

Établissemens des écritures centrales prescrites par l'arrêté du 30 décembre 1829;

Détails du personnel et du matériel de la direction; correspondance, rapports, projets d'ordonnance et de réglemens relatifs au service des rentes de toute nature.

Le double du grand-livre et les archives de la dette, font partie de cette section.

Le directeur peut déléguer le chef du bureau central pour la signature et le visa de contrôle à mettre sur les pièces qui sortent de cette direction.

Art. 11.

Un réglement spécial, pour l'ordre du travail et l'exécution des contrôles administratifs propres au service de la dette inscrite, approuvé par nous, sera annexé au présent arrêté.

RÉGLEMENT pour l'ordre des Travaux et l'exécution des Contrôles de la Direction de la Dette inscrite.

Du 9 Octobre 1832.

CHAPITRE Ier.

ARTICLE Ier.

L'inscription sur le grand-livre du Trésor public s'acquiert, soit par l'achat d'une rente déjà inscrite, soit par la remise des titres et pièces constatant le droit à la propriété d'une rente sur l'État.

Dans le cas de l'achat d'une rente, l'inscription est remise à l'agent comptable des transferts et mutations, avec une déclaration indicative des nom et prénoms de celui ou de ceux à qui elle doit être transférée : cette déclaration est signée par le vendeur et certifiée par un agent de change, qui atteste l'identité de la personne, et la validité des pièces jointes à la déclaration et qui, pendant cinq ans, est responsable de l'exactitude de son certificat, aux termes de l'article 16 de l'arrêté du 27 prairial an X.

Sur la remise de cette pièce, l'agent comptable rédige et signe un certificat qui constate le droit de l'ancien propriétaire à vendre la rente, et le droit de la personne indiquée par la déclaration à être inscrite sur le grand-livre.

Le certificat est envoyé dans la journée à l'agent comptable du grand-livre, accompagné du titre ancien dont les signatures sont préalablement biffées et annulées.

L'agent comptable des transferts et mutations est personnellement responsable de l'exactitude des actes signés par lui et par ses délégués, spécialement autorisés par le ministre à le suppléer.

ART. 3.

Le certificat de transfert est reçu au Trésor par le chef agent comptable du grand-livre, qui s'assure de la régularité du certificat délivré par l'agent des transferts, rapproche l'inscription vendue de la souche qui est conservée au Trésor, vérifie si l'immatricule au grand-livre est conforme au libellé de l'extrait présenté ; et quand il a reconnu la régularité des pièces, fait inscrire sur le grand-livre les noms, prénoms et qualités des nouveaux propriétaires indiqués dans le certificat de transfert : il fait expédier un extrait de l'inscription nouvelle qui doit être signé par lui ou par ses délégués, autorisés à cet effet par le ministre ; et le lendemain, à six heures du matin, il doit renvoyer cet extrait à l'agent comptable des transferts.

L'agent comptable du grand-livre engage sa responsabilité par les signatures qu'il donne lui-même, ou qui sont apposées par ses délégués au bas des extraits d'inscription. Il est également responsable des immatricules portées sur le grand-livre de la dette publique.

Art. 3.

Visa et signature des extraits par l'agent comptable des transferts.

Au moment où les extraits d'inscription délivrés la veille parviennent le matin à l'agent comptable des transferts et mutations, il compare le libellé de ces extraits avec les déclarations restées entre ses mains ; vérifie si les noms et prénoms, les sommes et les clauses qu'ils énoncent sont conformes à ces déclarations, ainsi qu'aux certificats de transferts qu'il a délivrés la veille ; et, quand il a reconnu cette conformité, il signe l'extrait d'inscription qui ne peut être remis aux parties que revêtu d'un visa, pour contrôle, donné par le directeur de la dette inscrite, ou par l'un de ses délégués.

Par cette signature sur l'extrait d'inscription, l'agent comptable des transferts et mutations se rend responsable, conjointement avec l'agent comptable du grand-livre, de la régularité de l'extrait délivré.

Art. 4.

Surveillance et contrôle du directeur.

Le directeur de la dette inscrite est spécialement chargé de contrôler l'émission des extraits d'inscription et leur délivrance aux parties.

A cet effet :

L'agent comptable des transferts est tenu de remettre, tous les jours, à quatre heures de relevée, au directeur de la dette inscrite, un bordereau signé de lui, constatant les numéros et les sommes portés dans les certificats délivrés par lui ou par ses délégués pendant le cours de la journée.

L'agent comptable du grand-livre est tenu de remettre au directeur tous les matins, à huit heures, le relevé des inscriptions qu'il a faites la veille sur le grand-livre, et des extraits qui ont été signés par lui ou par ses délégués, en conséquence des certificats délivrés par les bureaux des transferts et mutations.

Le directeur de la dette inscrite fait opérer tous les matins, à neuf heures, dans le bureau central placé près de lui, le rapprochement de ces relevés.

Si la conformité des deux déclarations est reconnue, le directeur met au bas du bordereau fourni la veille par l'agent comptable des transferts, l'autorisation de délivrer les extraits.

Cette autorisation est immédiatement envoyée au préposé spécial qu'il a délégué près de l'agent comptable des transferts, pour le suppléer dans l'apposition des visa qui doivent être placés sur tous les extraits d'inscription avant qu'ils ne soient livrés aux parties.

Le visa est donné après la signature de l'agent comptable des transferts. Il est signé du délégué du directeur, et en son nom. Après cette formalité, l'extrait est délivré à la partie, ou à l'agent de change chargé de la représenter, sur la remise du bulletin de dépôt délivré la veille en échange des pièces servant au transfert.

Si le rapprochement des relevés fournis par les deux agens comptables fait reconnaître quelque différence, la délivrance des extraits d'inscription aux parties est suspendue jusqu'à ce que cette différence ait été régulièrement expliquée.

Art. 5.

Au moment où l'agent comptable du grand-livre transmet au bureau des transferts les extraits d'inscription, il fait passer au double du grand-livre les certificats de transferts.

Le directeur de la dette fait inscrire par l'employé chargé de la conservation et de la tenue du double du grand-livre, et sur des cartons mobiles, toutes les indications portées dans les certificats de transferts, de manière à ce que chaque carton reproduise la copie exacte des extraits délivrés aux parties. Ces copies signées par le dépositaire de ces doubles sont classées par ordre alphabétique, et forment un contrôle permanent des rentes immatriculées sur le grand-livre par ordre numérique d'inscription.

Le montant de toutes les copies expédiées est porté sur des relevés journaller, par débit et par crédit, divisés en séries comme les comptes établis au grand-livre ; et tous les soirs la balance des séries est remise au directeur de la dette, qui en reconnaît l'accord avec les déclarations qui lui ont té fournies la veille, et le jour même, par les deux agens comptables des transferts et du grand livre.

Tous les jours les copies des extraits d'inscription annulés par suite de transferts sont retirées des casiers fermés où sont classées les inscriptions restant à comprendre dans les états des paiemens à ordonnancer.

A des époques indéterminées, et quand le ministre le juge nécessaire, l'inspection générale des finances vérifie la conformité des copies d'inscription rédigées au double, et des immatricules portées sur le grand-livre.

Art. 6.

Mutations qui ne proviennent pas d'une vente d'inscription.

Lorsque l'inscription nouvelle n'est pas le résultat d'une vente de rente, elle peut être produite par différentes causes ;

1° Par la liquidation en rente d'une créance imputable sur les crédits restant ouverts pour le paiement de l'arriéré ;

2° Par un versement applicable à un emprunt fait par l'État ;

3° Par la liquidation de l'indemnité accordée en rentes par la loi du 27 avril 1825 ;

4° Par la remise de certificats délivrés par des notaires, juges de paix, greffiers de tribunaux, en vertu de jugemens, ou de tous autres actes, ou pièces constatant le droit à la propriété d'une ou de plusieurs rentes, et délivrés en conformité des dispositions de la loi du 28 floréal an VII.

5° Par l'effet d'une réunion, division ou rectification d'inscriptions existantes.

6° Par la production de pièces constatant le droit au rétablissement sur le grand-livre de rentes dont le paiement aurait été suspendu, en exécution des lois, ordonnances et décisions du ministre ;

7° Par la demande d'un nouvel extrait d'inscription en remplacement de l'extrait primitif déclaré perdu.

Art. 7.

Inscription d'une rente imputable sur les crédits ouverts.

Aucune rente imputable sur les crédits de l'arriéré ne peut être inscrite sur le grand-livre au profit d'un créancier de l'État, qu'elle n'ait fait l'objet d'une liquidation spéciale par le ministère compétent qui délivre l'ordonnance à laquelle le créancier a droit.

Cette ordonnance est acquittée à la partie en mandats du payeur des dépenses sur le caissier central du Trésor.

Le bordereau des paiemens à faire en rentes est dressé par le payeur des dépenses, et remis au directeur du mouvement général des fonds, qui vise le bordereau et le fait passer au directeur de la dette inscrite.

Le directeur fait établir établir dans le bureau du contrôle administratif placé près de lui le calcul du produit en rentes de la créance que le bordereau exprime au capital.

L'accroissement que doit amener dans le chiffre de la dette inscrite l'inscription nouvelle à délivrer est constaté sur un registre spécial tenu au bureau central. Il est dressé un bordereau au bas duquel le Ministre des finances, sur la proposition du directeur, signe l'autorisation d'imputer les rentes sur les crédits législatifs ouverts.

Cette autorisation est remise à l'agent comptable des transferts et mutations.

L'opération se consomme de la même manière que les transferts ordinaires par suite de ventes de rentes

L'agent comptable des transferts délivre son certificat pour opérer le transfert du compte du Trésor public (rentes de l'arriéré) au compte du créancier à inscrire. Il signe ce certificat et le remet à l'agent comptable du grand-livre qui, après avoir passé les écritures spéciales qu'exige cette opération, immatricule la rente sur le grand livre, signe l'extrait d'inscription, et le renvoie au bureau des transferts et mutations, où l'extrait est signé par l'agent comptable, et visé pour contrôle.

L'extrait d'inscription à délivrer à la partie, au lieu de lui être remis comme pour un transfert ordinaire contre le bulletin de dépôt de pièces, doit être renvoyé au bureau central pour qu'il y soit pris note du numéro et de la somme portés à l'extrait d'inscription, et que le directeur puisse ainsi s'assurer que l'imputation autorisée par le Ministre, et dont il doit suivre l'exécution, a été régulièrement opérée.

L'extrait d'inscription est ensuite rendu à l'agent comptable des transferts, qui en fait remise au caissier central contre son récépissé à talon dûment visé au contrôle.

12

ART. 8.

Lorsqu'en vertu d'une loi de finances, un emprunt en rentes a été négocié par le Trésor, le secrétariat général fait remettre au directeur de la dette inscrite des copies officielles, 1.º de l'ordonnance royale qui a autorisé la négociation ; 2.º de l'arrêté du ministre des finances qui a prescrit les conditions et la forme de l'adjudication ; 3.º du procès-verbal de cette adjudication.

Le directeur de la dette inscrite prend les ordres du ministre relativement à l'inscription des rentes adjugées et aux coupures des certificats à délivrer.

Si le versement de la somme empruntée a lieu à des termes successifs, le contrôle des caisses doit faire passer au directeur de la dette inscrite le double des bulletins des versemens d'à-compte, à mesure qu'ils sont opérés à la caisse centrale. Ces bulletins doivent énoncer les termes de l'emprunt auxquels elles sont applicables.

Ce n'est que sur la remise des bulletins constatant l'encaissement de la totalité de la somme applicable à la garantie exigée par le Trésor, et sur le dépôt des récépissés à talon délivrés par le caissier central, et dûment visés au contrôle, que le directeur de la dette inscrite fait remettre aux prêteurs les certificats de négociation dont le modèle est joint à l'ordonnance royale, et dont les coupures et le nombre ont été préalablement déterminés par un arrêté spécial du Ministre.

A ces certificats sont annexés autant de coupons qu'il y a de termes indiqués pour les versemens. Ces coupons énoncent à la fois le montant de la somme à verser pour chaque terme, et celui de la rente à délivrer en contre-valeur du versement. Les certificats sont signés par l'agent comptable du grand-livre, et visés, pour le directeur de la dette, par le chef du bureau central chargé du contrôle administratif.

L'échange de ces certificats contre les récépissés à talon du caissier central rapportés par les parties est opéré par l'agent comptable du grand-livre : cet échange est constaté dans un compte d'ordre ouvert à cet effet au grand-livre.

Au moment de la remise des certificats, deux comptes sont ouverts contradictoirement. L'un est établi par l'agent comptable du grand-livre, et comprend au crédit la somme totale des rentes adjugées. Il est successivement débité des rentes qui, à mesure des versemens, sont transférées aux ayant-droit.

L'autre compte est tenu dans le bureau central et de contrôle. Il est établi par chaque certificat, et présente, d'une part, le montant et l'échéance de chaque terme à payer, la rente afférente aux certificats pour chaque paiement; et, d'autre part, les sommes versées avec indication des numéros et des dates des bulletins de la caisse.

Il y est fait une mention spéciale des sommes devant rester en réserve, et qui ne peuvent donner lieu à la délivrance des rentes qu'après le paiement de tous les termes. Enfin, il est tenu dans le même bureau un compte récapitulatif dans la même forme pour chaque série de certificats émis.

Les bulletins de versemens envoyés par le contrôle des caisses, chaque jour, sont immédiatement remis au bureau central; et il en est fait écriture au compte des certificats.

Les parties intéressées dans l'emprunt déposent au bureau des transferts et mutations les coupons dûment quittancés par le caissier, et visés au contrôle des caisses. Ces coupons sont détaillés dans des bordereaux en double expédition, dont l'une reste jointe aux coupons, et l'autre est remise à la partie par l'employé commis au dépôt, revêtue du reçu de ce dernier. Les talons sont rapprochés de la souche. Les coupons sont ensuite remis au bureau du contrôle chargé par le directeur de s'assurer qu'ils sont conformes aux bulletins de versemens enregistrés avant de les rendre au bureau des transferts et mutations.

L'agent comptable des transferts et mutations, après avoir biffé et annulé les signatures des coupons, dresse le certificat de mutation du compte du Trésor au compte à ouvrir au nouveau créancier.

L'agent comptable du grand-livre, sur la remise du certificat de mutation, où sont détaillés les coupons fournis en contre-valeur des rentes, émarge sur un compte d'ordre les coupons rentrés, inscrit les rentes sur le grand-livre, et expédie les extraits d'inscription qu'il signe, et qu'il renvoie à l'agent comptable des transferts. Celui-ci, après en avoir reconnu la conformité avec son certificat de transfert, signe l'extrait et le transmet au bureau central et de contrôle, où l'on porte au compte de chacun des certificats le numéro, la date et le montant de l'inscription correspondante à chaque terme payé.

Après ces formalités, les extraits d'inscription sont délivrés aux parties contre la remise de la double expédition du bordereau portant reconnaissance du dépôt.

La délivrance des extraits contre les coupons déposés doit avoir lieu, au plus tard, le cinquième jour après le dépôt.

Tous les jours le directeur de la dette inscrite fait dresser une situation présentant, d'une part, les versemens effectués antérieurement, ceux que les bulletins de versement ont fait reconnaître pendant la journée; et de l'autre part, les rentes inscrites précédemment, et celles dont l'inscription a eu lieu pendant le jour, avec indication des termes auxquels s'appliquent les versemens, ainsi que les rentes fournies en contre-valeur. Cette situation, qui est mise tous les jours sous les yeux du ministre, fait ressortir la somme en réserve, et en cas d'escompte, les rentes inscrites sur cette réserve.

Un extrait de cette situation est remis tous les jours, à quatre heures, à la comptabilité générale des finances.

Des rapprochemens journaliers ont lieu entre les écritures tenues dans le bureau du grand-livre, et les écritures contradictoires tenues au bureau central et de contrôle; et tous les mois, les résultats fournis par ces deux bureaux doivent être reconnus d'accord, et compris dans le résumé que présente la comptabilité centrale de la dette.

ART. 9.

Inscription provenant d'une indemnité aux émigrés dépossédés.

Aucune rente 3 p. o/o, imputable sur le crédit ouvert au Trésor public par la loi du 27 avril 1825, relative à l'indemnité allouée aux émigrés dépossédés, ne peut être inscrite sans que l'indemnité qu'elle représente n'ait été l'objet d'une liquidation dûment arrêtée.

Les allocations résultant de cette liquidation doivent être portées sur des bulletins signés du secrétaire de la commission, et dont une expédition est adressée au directeur de la dette inscrite au moment où le travail est arrêté par cette commission.

Ces bulletins doivent être récapitulés dans des bordereaux énonciatifs des noms et qualités des émigrés dépossédés, des noms et prénoms des ayant droit à l'indemnité, et des sommes allouées à chacun d'eux en capital et en rente.

Ces bordereaux sont adressés au directeur du contentieux du Trésor, après qu'un agent commis à cet effet par le Ministre, s'est assuré que les sommes qu'ils énoncent sont conformes à celles qui sont portées dans les arrêtés pris par la commission. Sur l'attestation de cet agent, le directeur du contentieux fait approuver par le Ministre des finances la distribution à faire entre les divers ayant-droit des sommes portées dans les bordereaux; et il les fait passer, revêtus de l'approbation du Ministre, au directeur de la dette inscrite.

Ces bordereaux sont remis immédiatement au *bureau central* et de *contrôle*, où ils sont confrontés avec les bulletins transmis par le secrétaire de la commission, et dépouillés ensuite sur un compte spécial, sur lequel sont portés les numéros des bordereaux et le montant de chaque liquidation opérée.

Ces pièces sont ensuite adressées à une section spéciale du bureau des transferts et mutations, chargée de la suite du travail relatif à l'inscription de l'indemnité, et d'en tenir un compte contradictoire.

Avant de procéder à la délivrance du certificat de mutation du compte du Trésor au compte de l'ayant-droit, l'agent comptable est tenu de vérifier au bureau des oppositions au Trésor, s'il n'y a pas d'opposition ou de transport signifiés, et d'en assurer l'effet, s'il y en a. Si la créance est liquidée, l'agent comptable délivre son certificat de mutation, auquel est joint un extrait de la liquidation autorisée par le Ministre, lequel extrait est certifié par le directeur de la dette et visé par le chef du bureau des oppositions.

L'agent comptable du grand-livre inscrit les noms et prénoms des ayant-droit portés dans le certificat de mutation, fait expédier et signe l'extrait d'inscription qu'il renvoie au bureau des transferts, où la seconde signature est apposée par l'agent comptable, après qu'il s'est assuré de la régularité des noms et des sommes portées dans l'extrait.

Cet extrait est alors communiqué au bureau du contrôle, qui enregistre les numéros et les sommes des inscriptions en regard des liquidations autorisées par le Ministre.

Les extraits d'inscription, visés au contrôle, conformément à l'article 4, sont remis aux parties par l'agent comptable des transferts et mutation, en échange de la lettre d'avis qui leur a été adressée directement par le directeur du contentieux du Trésor, et sur laquelle elles mettent leur reçu.

Art. 10.

Dans le cas d'inscription par suite de dépôt de pièces, telles que certificats délivrés par les notaires, juges de paix ou greffiers de tribunaux, jugemens, et toutes autres pièces conférant le droit à la propriété d'une rente déjà inscrite sur le grand-livre, l'agent comptable des transferts délivre le certificat de mutation sur la production des justifications prescrites par la loi du 28 floréal an VII et par les instructions administratives (instruction du 1er mai 1819).

Il en est de même pour les réunions, divisions, rectifications, changemens de qualités, etc., réclamés par les parties.

Toutes les pièces exigées pour ces mutations doivent être remises par les parties au bureau des mutations au Trésor, ou être jointes à la déclaration de transfert, toutes les fois que l'acte de transfert comprend à la fois une vente et une mutation de propriété; elles peuvent encore être adressées par correspondance sous le couvert du Ministre.

Dans le cas de dépôt des pièces, il est fourni à la partie un bulletin de dépôt; dans le cas de l'envoi par correspondance, il en est accusé réception par lettre signée du directeur.

Après la vérification des pièces, et lorsque l'agent comptable du transfert ou ses délégués ont reconnu que les titres fournis constatent le droit à la propriété, l'agent comptable délivre le certificat de mutation, et l'opération s'exécute de la même manière que pour le transfert d'une rente vendue.

Les changemens et rectifications à effectuer dans les immatricules des rentes ne peuvent être opérés qu'après qu'ils ont été l'objet d'une décision du Ministre, provoquée par le directeur de la dette inscrite, et qui est produite par l'agent comptable à l'appui de son compte à la Cour.

Lorsque les arrérages d'une rente n'ont pas été réclamés pendant cinq ans par le titulaire, aux termes de l'article 2277 du Code civil, et de l'article 156 de la loi du 24 août 1793, ces arrérages étant prescrits, l'inscription cesse d'être comprise dans les états de paiement, elle est rayée du grand livre et portée à un compte spécial intitulé : *Compte des portions non réclamées*, et ne peut plus être rétablie qu'en vertu d'une décision du Ministre, toutes les fois qu'il faut délivrer un titre nouveau.

Dans le cas d'adhirement d'un extrait d'inscription, un nouveau titre ne peut être délivré à la partie qu'après qu'elle a fait devant le maire de son domicile la déclaration prescrite par le décret du 3 messidor an XII, et le remplacement de l'inscription ne peut avoir lieu que dans le semestre qui suit celui où la demande a été formée.

Dans les divers cas indiqués ci-dessus, lorsqu'une décision du Ministre autorise la rectification à opérer le rétablissement du titre, cette décision est communiquée d'abord au bureau central et de contrôle qui en prend note, ainsi que de l'époque à partir de laquelle la jouissance des arrérages doit recommencer : la décision est ensuite remise à l'agent comptable des transferts, qui rédige le certificat de mutation en vertu duquel la rente est transportée du compte des portions non réclamées ou du compte ancien ouvert à la partie, au compte nouveau qui doit lui être ouvert.

Art. 11.

La conversion d'une rente nominative en rentes au porteur a lieu au moyen d'une déclaration accompagnée des mêmes formalités que celles qui sont exigées pour la vente d'une inscription ; elle s'opère également par le ministère d'un agent de change qui certifie, sous sa responsabilité, l'identité du propriétaire vendeur, et la validité des pièces jointes à sa déclaration.

L'agent comptable des transferts accompagne l'envoi qu'il fait au Trésor des titres nominatifs à convertir d'un bordereau qui les récapitule : ce bordereau est remis au bureau central de contrôle, où il est fait mention sur un compte spécial ouvert à cet effet, des coupures au porteur réclamées par les parties.

En échange du certificat de transfert signé par l'agent comptable, le chef agent comptable du grand-livre, au lieu de remettre le lendemain, comme pour les rentes nominatives, le nouvel extrait d'inscription, fait seulement dresser un bulletin énonciatif des sommes qui seront à inscrire et des noms de ceux qui auront droit de retirer les extraits. Ces bulletins sont remis par l'agent des transferts aux parties ou à leur fondés de pouvoirs, afin qu'ils puissent faire retirer leurs titres au porteur.

Le lendemain à midi les coupures de rentes au porteur qui ont été expédiées par le bureau du grand-livre sont signées par l'agent comptable, qui les fait passer au bureau central et de contrôle, où les coupures délivrées sont comparées avec le bordereau envoyé par l'agent comptable des transferts ; et quand la conformité est reconnue, le directeur les fait viser et signer par le chef du bureau central.

Les coupures délivrées sont enregistrées sur un compte spécial ouvert dans le bureau du contrôle. Les extraits d'inscription sont envoyés le lendemain matin dans un porte-feuille à deux clés à l'agent comptable des transferts qui, après les avoir comparés avec les déclarations restées entre ses mains les vise, quand il en reconnaît l'exactitude.

Avant la livraison aux parties, les extraits au porteur doivent être visés pour contrôle, par le directeur de la dette : la livraison ne doit avoir lieu que sur le vu du bulletin de dépôt.

Tous les soirs une situation des rentes au porteur émises dans la journée, est fournie au Ministre. Cette situation récapitule les omissions précédemment faites.

Les reconversions de rentes au porteur en rentes nominatives, ne sont l'objet d'aucune formalité spéciale : sur la déclaration faite par le porteur, et sur la remise du titre joint à sa déclaration, l'inscription a lieu au grand-livre, après que les signatures des titres au porteur ont été biffées, et qu'ils ont été annullés par l'agent comptable des transferts. La diminution opérée au compte des rentes au porteur est constatée sur les livres tenus dans le bureau central.

ART. 12.

Conversion d'une rente directe en rentes départementales et réciproquement.

La conversion d'une rente directe en une rente départementale et réciproquement, l'échange d'une rente de cette nature contre un pareil titre sur le grand-livre d'un autre département, ont lieu d'après les formes tracées dans l'instruction spéciale jointe à la circulaire du 1er mai 1819, et dont un extrait est annexé au présent réglement.

ART. 13.

Rentes viagères.

Le rétablissement de rentes viagères et leur transfert s'opère de la même manière que ceux des rentes perpétuelles.

Les rectifications dans les noms, prénoms et qualités des têtes sur lesquelles elles reposent doivent, aux termes de l'ordonnance royale du 2 juillet 1814, être autorisées par une ordonnance spéciale.

ART. 14.

Comptes rendus à la cour par les deux agens comptables.

En exécution de l'ordonnance royale du 12 novembre 1826, le chef agent comptable des transferts et mutations et le chef agent comptable du grand-livre, rendent un compte annuel des opérations qu'ils ont effectuées pendant l'année.

Les formes de ce compte sont tracées par l'ordonnance précitée qui est annexée au présent réglement, ainsi que par l'arrêté d'exécution du 1er avril 1827 qui y est également joint.

Avant d'être envoyés à la Cour, ces deux comptes sont vérifiés d'après les écritures contradictoires tenues au bureau central et certifiées conformes par le directeur.

CHAPITRE II.

ARTICLE 1ᵉʳ.

Les pensions imputables sur les fonds généraux de l'Etat, et qui ont été déterminées par les lois, sont de plusieurs natures,

Les pensions de l'ancien sénat et de la pairie,

Les pensions civiles anciennes et nouvelles,

Les pensions ecclésiastiques anciennes et nouvelles,

Les pensions militaires, des veuves et des orphelins,

Les pensions des donataires,

Les pensions pour récompenses nationales.

Aucune pension ne doit être inscrite, et ne peut être imputée sur les crédits législatifs qu'en vertu de deux ordonnances distinctes autorisant, l'une, la concession, l'autre, l'inscription ou l'imputation de la dépense.

L'ordonnance d'imputation est toujours proposée par le Ministre des finances, quel que soit le département dans lequel le fonctionnaire a été employé.

L'ordonnance de concession est rendue sur la proposition du Ministre au département duquel appartenait le fonctionnaire admis à la pension.

Toute liquidation de pension faite dans un ministère autre que celui des finances, est communiquée au Ministre de ce département, pour y être soumise, avant la concession, aux vérifications prescrites par la loi du 25 mars 1817.

ART. 2.

Les pensions accordées aux membres de l'ancien sénat et à leurs veuves, ainsi qu'aux pairs de France, en vertu de l'ordonnance du 4 juin 1814, et qui ont été inscrites au Trésor public en exécution de la loi du 28 mai 1829, se composent ainsi qu'il suit :

Pensions accordées aux anciens sénateurs qui n'ont pas été nommés pairs,

Pensions accordées à leurs veuves et à celles des pairs,

Pensions accordées aux anciens sénateurs devenus pairs, et aux nouveaux pairs nommés,

Pensions accordées aux fils de pairs par reversion de celles dont jouissaient leurs auteurs.

L'ordonnance de concession pour toutes ces pensions est rendue sur la proposition du Ministre des finances.

Art. 3.

Pensions des anciens sénateurs non appelés à la pairie.

Aucune inscription nouvelle ne doit avoir lieu pour les pensions accordées par l'ordonnance du 4 juin 1814, et inscrites en vertu de la loi du 28 mai 1829, en faveur des anciens sénateurs non appelés à la pairie.

Le compte ouvert à ces pensions dans les livres du Trésor ne peut recevoir d'inscription que par suite du rétablissement d'une pension temporairement suspendue.

Art. 4.

Pension aux veuves des anciens sénateurs et de pairs.

La concession des pensions autorisée par l'ordonnance du 4 juin 1814 et par la loi du 28 mai 1829, en faveur des veuves des anciens sénateurs et des pairs, leur inscription sur les livres du Trésor et leur imputation sur les crédits ouverts, s'opèrent ainsi qu'il suit :

Chaque veuve est tenue de faire, entre les mains du grand-référendaire de la Chambre des Pairs, une déclaration de l'état de sa fortune personnelle a udécès de son mari. Cette déclaration est consignée dans un procès-verbal que le grand-référendaire adresse au Ministre des finances.

La dette inscrite propose au Ministre, en vertu de ce procès-verbal, un projet d'ordonnance qui est communiqué au comité des finances et appuyé de son avis.

Le Ministre, s'il y a lieu, soumet ensuite ce projet, ainsi préparé, à la signature du Roi, et l'ordonnance de concession est insérée au Bulletin des lois. Elle énonce les noms et prénoms de la pensionnaire, la somme accordée et l'époque de l'entrée en jouissance.

Le numéro du Bulletin des lois qui renferme cette ordonnance est envoyé par le secrétaire général au directeur de la dette inscrite.

Un exemplaire de ce Bulletin est remis au bureau central et de contrôle qui enregistre à un compte spécial l'article d'accroissement au livre des pensions; un autre exemplaire du même Bulletin est remis au bureau des pensions.

L'agent comptable des pensions fait enregistrer contradictoirement la nouvelle pension concédée.

Cette concession est comprise dans un projet d'ordonnance soumis, chaque mois, au Roi, et qui autorise l'imputation des concessions de toute nature faites pendant le cours de ce mois.

L'ordonnance d'imputation est enregistrée au bureau central et au bureau des pensions.

L'agent comptable des pensions rédige et signe un certificat qui énonce les noms et prénoms de la pensionnaire, la somme à laquelle elle a droit, l'époque de l'entrée en jouissance et le lieu où doit se faire le paiement. Ce titre porte au dos les principales indications nécessaires à la partie pour l'observation des règles relatives aux certificats de vie, aux cumuls, etc.

Avant la délivrance à la partie, et après la signature de l'agent comptable, le certificat est communiqué au bureau central qui est chargé par le directeur de s'assurer, d'après l'enregistrement fait sur les ordonnances, de l'exactitude des indications qu'il renferme, et de le viser.

Après le visa du contrôle, signé par le directeur, l'extrait est remis à la partie.

ART. 5.

Conformément aux dispositions de la loi du 8 août 1830, et à l'article 23 de la Charte, aucune inscription ne doit être faite en faveur des anciens sénateurs devenus pairs, des nouveaux pairs et des fils de pairs.

Pensions aux pairs et aux fils de pairs.

ART. 6.

Chacun des Ministres propose la liquidation des pensions civiles dues aux fonctionnaires ou employés qui ressortissent à son département, en se renfermant dans les limites posées par la loi du 24 août 1790, le décret du 13 septembre 1806, et la décision du 30 juillet 1807, dont les principales dispositions sont détaillées dans l'instruction ci-jointe spéciale aux pensions.

Pensions civiles.

Le projet de liquidation est soumis à l'un des comités du Conseil d'état attaché à chaque ministère.

Après approbation par le Ministre de l'avis du comité, l'ordonnance est communiquée, en projet, au Ministre des finances qui opère la révision prescrite par la loi du 25 mars 1817. L'ordonnance est enregistrée au Bulletin des lois, enregistrée à la fois sur les livres de la section des pensions et sur ceux qui sont établis au bureau central.

Il en est de même de l'ordonnance d'imputation que le Ministre propose, ainsi qu'il a été expliqué à l'article précédent; le certificat est délivré par l'agent comptable et visé au contrôle.

Pour les pensions des membres et employés de la Cour des comptes et de leurs veuves, des employés de l'administration des monnaies, des inspecteurs généraux des salines, et généralement pour toutes les pensions des employés et fonctionnaires civils ressortissant au ministère des finances, et qui n'ont pas subi de retenues, l'agent comptable des pensions établit leur liquidation, et le Ministre des finances propose l'ordonnance de concession.

ART. 7.

Pensions ecclésiastiques. Aucune des pensions ecclésiastiques dont l'inscription a été autorisée par les lois des 25 février, 16 août et 14 octobre 1790, 18 août 1792, 2 frimaire et 7 nivôse an II, ne peut être liquidée qu'autant que les prétendans à cette pension justifient, conformément à l'avis du comité des finances du 18 avril 1831, approuvé par le Ministre, qu'ils ont rempli des fonctions salariées suspensives de la pension pendant un temps suffisant pour que la prescription trentennaire ne puisse leur être opposée.

Les conditions d'admissibilité à la pension sont détaillées dans une inscription spéciale ci-jointe.

L'inscription s'opère de la même manière que pour les pensions civiles proposées par le Ministre des finances.

Cette inscription, l'imputation de la dépense, l'expédition du titre, et sa remise aux parties s'exécutent par les mêmes procédés, et sont soumises aux mêmes contrôles.

ART. 8.

Pensions militaires, des veuves et des orphelins. L'inscription des pensions de l'armée de terre a lieu d'après les ordonnances de concession provoquées par le Ministre de la guerre, et dont les projets sont présentés à la révision du Ministre des finances.

Les bases légales pour la liquidation de ces pensions sont fixées par la loi du 11 avril 1831, par le tarif et par le règlement qui y sont joints.

L'inscription, l'imputation et la remise des pièces, soit aux parties, soit aux sous intendans militaires chargés de les leur faire parvenir, sont soumises aux mêmes formes et aux mêmes contrôles que les pensions civiles.

La pension accordée aux orphelins des militaires doit cesser dès que le plus jeune des enfans a atteint l'âge de vingt-un ans. (*Article 2 de la loi du 11 avril 1831.*)

Pour assurer l'exécution de cette disposition sur l'envoi des ordonnances de concession provoquées par le ministre de la guerre, il est ouvert dans le bureau central et de contrôle un compte spécial où sont enregistrés l'âge des orphelins admis à la pension et l'époque à laquelle doit cesser la jouissance pour chacun d'eux. Il est formé un état, par année, de toutes ces extinctions.

Le même compte est tenu contradictoirement par le bureau des pensions, qui, à mesure que les orphelins atteignent l'âge prescrit, retire les pensions des états d'arrérages, et doit les porter au compte des extinctions.

L'exactitude des radiations opérées par le bureau des pensions doit être contrôlée au bureau central, d'après les relevés qui y sont établis.

Art. 9.

Les inscriptions qui peuvent avoir lieu par suite de la reversion ouverte aux veuves et aux orphelins des vétérans des camps de Juliers et d'Alexandrie s'exécutent conformément à l'ordonnance du 2 décembre 1814 et à la loi du 14 juillet 1819, sur la remise, par les parties, des pièces et titres établissant leurs droits.

La liquidation préparée d'après les bases posées par cette loi, et détaillées dans l'instruction spéciale ci-jointe, est communiquée au comité des finances, qui donne son avis. L'ordonnance de concession est soumise à la signature royale par le ministre.

L'inscription, l'imputation et la remise des titres ont lieu de la même manière que pour toutes les pensions proposées par le ministre des finances.

Pensions aux vétérans des camps de Juliers et d'Alexandrie.

Art. 10.

Aucune inscription nouvelle ne peut avoir lieu, en exécution de la loi du 26 juillet 1821, sur les donataires dépossédés, si ce n'est en faveur des veuves et des orphelins de ces donataires, qui, aux termes de cette loi, ont droit à la reversion de la pension.

Lors du décès des donataires, les prétendans à la reversion doivent faire parvenir au Trésor les pièces qui constatent leurs droits. Ces pièces sont l'objet d'une liquidation sur laquelle le comité des finances donne son avis.

L'inscription, l'imputation et la remise des certificats aux parties sont soumises aux mêmes contrôles que toutes les pensions proposées par le ministre.

Pensions des donataires dépossédés.

Art. 11.

Aucune inscription nouvelle ne peut avoir lieu, en exécution de la loi du 13 décembre 1830, à titre de récompenses nationales, qu'au profit des orphelins qui, par une ordonnance du 25 août 1831, sont admis, à mesure qu'ils atteignent leur septième année, à convertir en un secours de 700 francs, payable jusqu'au dernier jour du trimestre dans lequel ils ont atteint leur dix-huitième année, celui de 250 francs que leur assure la loi précitée.

L'ordonnance d'inscription est soumise à la signature du Roi par le ministre de l'intérieur : elle est comprise dans les ordonnances d'imputation collectives proposées chaque mois par le ministre des finances. Les formes pour cette inscription et pour l'imputation sont les mêmes que pour toutes les pensions dont la proposition n'est pas faite par le ministre des finances.

La remise des titres, au lieu d'être opérée entre les mains des parties, est effectuée au ministre de l'intérieur, qui se charge de les faire parvenir aux maires délégués par l'article 4 de l'ordonnance du 25 août, pour les recevoir et pour toucher les arrérages à chaque trimestre.

Il est tenu, pour l'extinction des secours de 250 francs, à servir aux orphelins jusqu'à leur septième année, et pour celle de secours de 700 francs, qui doivent également cesser lorsque les orphelins ont atteint leur dix-huitième année, deux comptes contradictoires, l'un par le bureau central et de contrôle, et l'autre par le bureau des pensions.

Art. 12.

En exécution de l'ordonnance royale du 12 novembre 1826, le chef agent-comptable des pensions rend un compte annuel des accroissemens et des diminutions opérées pendant l'année dans les pensions inscrites sur les fonds généraux. Les formes de ce compte sont fixées par l'ordonnance précitée annexée au présent réglement.

Chacun des articles portés dans ce compte est contrôlé au bureau central, savoir : pour les accroissemens, au moyen des enregistremens contradictoires qu'il opère sur la communication des ordonnances de concessions et de celles d'imputation; pour les diminutions, 1.° par la remise qui lui est faite des états d'extinction transmis par les payeurs; 2.° par l'enregistrement sur ses livres des certificats de rejet délivrés par l'agent comptable des pensions; 3.° enfin, par la communication de toutes les décisions qui prononcent la suspension ou la radiation définitive des pensions.

Le compte annuel est visé au contrôle, et toutes les copies de décisions remises à l'appui sont certifiées par le directeur de la dette inscrite.

CHAPITRE III.

ARTICLE 1ᵉʳ.

Les cautionnemens en numéraire applicables à la garantie de fonctions publiques et déterminées par les lois, doivent être versés à la caisse centrale, au Trésor public ou aux caisses des receveurs des finances dans les départemens.

Le secrétariat général des finances, pour les comptables, chefs de service et autres agens à la nomination du Ministre, et les directeurs des administrations financières pour les employés à leur nomination, fournissent, à chaque mutation d'emploi, au directeur de la dette inscrite, un bulletin, en double expédition, indicatif des noms, prénoms et qualité des titulaires nouveaux et du montant des cautionnemens auxquels ils sont assujettis. Le bulletin reste déposé au bureau des cautionnemens jusqu'au moment où le versement intégral lui est justifié.

Après cette justification, l'une des expéditions du Bulletin est renvoyée au secrétariat général du ministère ou au directeur de l'administration à laquelle appartient le titulaire.

Chaque mois, le directeur de la dette inscrite remet au Ministre l'état des cautionnemens dont le versement est en retard.

ART. 2.

Aucun certificat d'inscription de cautionnement n'est délivré,

1° Que le récépissé comptable du versement, fait dans une des caisses publiques, n'ait été rapporté au chef de bureau des cautionnemens chargé par le directeur de la dette de faire effectuer l'inscription sur les livres du Trésor;

2° Que les sommes versées n'aient été contradictoirement enregistrées dans le bureau central de la dette et dans la section spéciale des cautionnemens.

Lorsque le versement a lieu à Paris, le titulaire verse ses fonds à la caisse centrale; le caissier lui délivre un récépissé à talon dûment visé au contrôle.

Tous les versemens de cette nature opérés pendant le mois, sont récapitulés dans un bordereau signé par le caissier central et visé au contrôle, lequel détaille les sommes versées, les noms et prénoms du titulaire et les fonctions qu'il exerce.

Ce bordereau est dressé au bureau central où il est dépouillé sur des bulletins mobiles qui détaillent toutes les indications données par la caisse. Chacun des versemens reçoit un numéro d'enregistrement au contrôle, lequel numéro est répété sur le bulletin.

Les bordereaux sont ensuite transmis au bureau des cautionnemens où l'enregistrement s'opère par catégorie de titulaire, par département et par arrondissement de sous-préfecture. Un compte spécial est ouvert à chaque titulaire ; la date à partir de laquelle les intérêts commencent à courir est indiquée sur ces registres.

Au moment où le récépissé est remis par le titulaire au bureau des cautionnemens, le chef de cette section confronte les indications qu'il porte avec son enregistrement ; et après avoir reconnu la conformité, il expédie et signe le certificat d'inscription, sur lequel il indique le numéro donné par le contrôle au versement.

Le directeur de la dette fait vérifier par le bureau du contrôle l'identité du certificat avec le bulletin, le fait viser et le revêt ensuite de sa signature avant qu'il soit remis à la partie.

Art. 3.

Les versemens de cautionnemens effectués aux caisses des receveurs dans les départemens, donnent lieu à la délivrance d'un récépissé à talon visé par le préfet ou par le sous-préfet.

Ces versemens sont récapitulés dans les bordereaux mensuels adressés à la comptabilité générale des finances qui, après s'être assurée qu'ils sont d'accord avec les écritures des comptables, les transmet à la dette inscrite revêtus de son visa.

Ces bordereaux sont dépouillés par le bureau central sur des bulletins individuels qui détaillent toutes les indications fournies par les receveurs.

Les versemens reçoivent un numéro d'ordre que répète le bulletin.

Les bordereaux sont transmis au bureau des cautionnemens où les versemens sont enregistrés à des comptes spéciaux ouverts aux titulaires. Il est fait mention dans l'enregistrement du numéro donné au versement donné par le contrôle. Le certificat n'est délivré à la partie qu'après la remise du récépissé de versement et la confrontation du récépissé tant avec l'enregistrement fait au bureau des cautionnemens qu'avec le bulletin conservé au bureau central.

Art. 4.

Les déclarations de priviléges consenties par les comptables et faites en vertu du décret spécial du 22 décembre 1812, en faveur des créanciers ou de bailleurs de fonds, sont adressées au ministère des finances.

Il est dressé, toutes les semaines, par le bureau des cautionnemens, dépositaire des titres, un bordereau des déclarations reçues. Ce bordereau énonciatif des noms des titulaires des cautionnemens et de ceux des bailleurs de fonds, ainsi que des sommes pour lesquelles le privilége est déclaré, est adressé au bureau central et de contrôle où sont enregistrées chacune des sommes sur les bulletins individuels aux noms des titulaires des cautionnemens : ces bulletins indiquent les noms des bailleurs de fonds et des créanciers.

Le directeur fait vérifier par ce bureau, près de la section des cautionnemens, l'existence matérielle de la déclaration.

Le chef des cautionnemens fait expédier le certificat de privilége et, signe l'expédition qui est envoyée par lui au bureau central et de contrôle pour que l'identité des indications fournies par le certificat avec l'enregistrement porté sur ses bulletins, y soit reconnue; le certificat de privilége y est visé et remis ensuite au directeur de la dette inscrite qui le signe.

Le certificat est remis à la partie.

Art. 5.

L'application des fonds versés en garantie d'une première gestion à une gestion nouvelle, autorisée par l'ordonnance royale du 26 novembre 1818, a lieu au moyen d'une demande adressée par le titulaire au ministre, et dont le modèle est tracé par l'instruction spéciale aux cautionnemens jointe au présent rapport, laquelle indique également toutes les pièces à fournir.

L'application ne doit avoir lieu qu'en vertu d'une autorisation du ministre.

14

Le bordereau des sommes à appliquer est joint à la décision; il indique les numéros donnés par le contrôle aux versemens primitifs.

La décision est remise au bureau central chargé de retirer, de la case des titulaires en activité, le bulletin applicable à la gestion première, et de dépouiller sur les bulletins nouveaux les indications fournies par le bureau, en donnant un numéro spécial au versement résultant de l'application autorisée.

La décision est renvoyée au bureau des cautionnemens, qui délivre la nouvelle inscription sur laquelle il porte le numéro d'ordre donné par le contrôle à l'application, ainsi que ceux des versemens qui ont complété le cautionnement quand l'application n'est pas suffisante.

Cette inscription comme les précédentes est visée au contrôle.

CHAPITRE IV.

ARTICLE 1ᵉʳ.

Le paiement des arrérages des rentes perpétuelles et viagères, celui des arrérages des pensions; le remboursement des capitaux de cautionnement et le paiement des intérêts ont lieu sur les ordonnances du ministre des finances en vertu des crédits législatifs.

Le compte de l'emploi de ces crédits est tenu contradictoirement par le bureau central et par les sections chargées de l'exécution de chacun des services attribuées à la direction de la dette inscrite.

ART. 2.

Les états d'arrérages de rentes à payer chaque semestre, sont dressés par le bureau du grand-livre, et signés par l'agent comptable; ils sont divisés par nature de rentes et par départemens.

Le montant de chacun de ces états est porté dans des bordereaux récapitulatifs par chaque nature de rentes et par exercice, qui sont également établis au bureau du grand-livre et signés de l'agent comptable.

Ces bordereaux sont remis au bureau central où ils sont rapprochés : 1° des balances journalières tenues au double du grand-livre, indiquant les rentes transférées dans l'intervalle des semestres et celles qui subsistent lors de la fermeture ; 2° des comptes d'accroissemens et de réduction par chaque nature de rentes tenues dans le bureau central.

Aussitôt que l'exactitude des sommes portées dans les bordereaux récapitulatifs est reconnue et constatée par un visa au bureau central, le directeur de la dette les signe et les adresse au secrétariat général du ministère.

Ils sont compris par le secrétariat dans les ordonnances à soumettre à la signature du ministre.

Les états par départemens sont adressés aux payeurs pour être rattachés aux ordonnances du Ministre.

Les rentes viagères font l'objet d'états distincts indiquant le nombre des têtes sur lesquelles elles sont assises.

Le paiement des rentes au porteur n'a lieu qu'à Paris : les arrérages afférens à ces rentes sont compris dans les bordereaux remis au payeur central.

Il en est de même des rentes pour lesquelles des procurations ont été déposées au Trésor, ou sur lesquelles des certificats de participation ont été émis.

Les noms des usufruitiers seuls sont indiqués dans les états de paiement.

Pour les rentes de nouvelle création, et pour les rétablissemens opérés pendant le semestre, lorsque la jouissance accordée donne lieu à un décompte d'arrérages échus, il est formé chaque mois des bordereaux spéciaux de la même nature et soumis aux mêmes contrôles que les bordereaux de semestre.

Lorsqu'il y a lieu à la réduction ou à l'annulation d'une somme d'arrérages ordonnancés le décompte est établi par le chef agent comptable du grand-livre qui le signe. Ce décompte, qui indique l'exercice sur lequel porte la réduction ou l'annulation, est communiqué au bureau central, chargé d'enregistrer au compte des ordonnances la réduction ou l'annulation. Le décompte, visé du contrôle, est adressé au secrétariat général qui réduit l'ordonnance ou fait opérer le reversement de la somme trop perçue. Dans ce dernier cas, le récépissé délivré par le receveur général est envoyé au Trésor à l'appui du compte de réduction des ordonnances.

Art. 3.

Lorsqu'un rentier désire recevoir à Paris les arrérages d'une rente ordonnancée payable dans un autre département, aux termes de la décision du Ministre du 4 mai 1832, il doit remettre son inscription accompagnée de la quittance du semestre à la caisse centrale, qui lui délivre en échange un bulletin indiquant d'après la distance des lieux, l'époque à laquelle le paiement pourra avoir lieu à Paris. Le caissier central communique ces pièces au directeur de la Dette inscrite

Paiement
d'arrérages à Paris
d'une rente
ordonnancée
dans
un département.

qui fait vérifier si la somme est réellement comprise dans le bordereau de département indiqué. Il vise la quittance et signe son visa.

La quittance est transmise au receveur général, et sur l'avis que le paiement n'a pas eu lieu par lui et sur le récépissé qu'il en fournit, le caissier central effectue le remboursement à la partie sur le rapport du bulletin de dépôt.

Art. 4.

États
servant
à l'ordonnancement
et au paiement
des pensions.

Les états d'arrérages des pensions à payer par chaque trimestre ou par semestre sont dressés dans le bureau des pensions et signés du chef agent comptable.

Ces états sont remis au visa du bureau central et de contrôle qui, après en avoir reconnu l'exactitude, les vise et les remet à la signature du directeur de la dette.

La remise des bordereaux récapitulatifs au secrétariat général, l'ordonnancement par le Ministre, l'envoi aux payeurs des états pour départemens sont soumis aux formalités et aux contrôles prescrits pour le paiement des arrérages des rentes.

Les arrérages de pensions réclamés dans l'intervalle des semestres sont également l'objet d'états supplémentaires mensuels, soumis aux mêmes formes et aux mêmes contrôles.

Les retenues spécialement autorisées par les lois sur les pensions font l'objet d'un compte particulier ouvert aux titulaires.

Elles sont portées dans une colonne spéciale des états de paiement.

Art. 5.

États
ervant au paiement
des intérêts
et
au remboursement
des capitaux
de
cautionnemens.

Les états qui servent à ordonnancer les intérêts dus à la fin de chaque année sur les capitaux de cautionnemens sont dressés dans le bureau des cautionnemens et signés par le chef de ce bureau.

Ils sont remis au bureau central qui, après avoir reconnu si les capitaux auxquels s'appliquent les intérêts sont bien enregistrés sur les bulletins qu'il conserve, les vise et les remet à la signature du directeur de la dette.

L'état indique les noms des titulaires et ceux des bailleurs de fonds pour les sommes sur lesquelles ils ont privilége.

Le remboursement des capitaux est ordonnancé de la même manière que les intérêts. Il a lieu au profit des bailleurs de fonds privilégiés.

Dans le cas du remboursement intégral, le bureau central retire le bulletin de versement, qui est porté dans une série spéciale des cautionnemens remboursés.

Les prélèvemens ordonnés sur les cautionnemens en atténuation de débet ou pour toute autre cause que ce soit, font l'objet d'un ordonnancement particulier autorisé par le Ministre.

Les pièces à fournir pour obtenir le remboursement de la totalité ou seulement d'une partie d'un cautionnement par chaque espèce de gestion, sont détaillées dans l'instruction spéciale jointe au présent règlement, laquelle fait également connaître les pièces à fournir pour obtenir l'application d'un cautionnement d'une gestion à une autre.

Arrêté du Ministre sur le Contrôle des Agens comptables de la dette inscrite.

Du 1ᵉʳ Décembre 1832.

ARTICLE 1ᵉʳ.

A dater du 1ᵉʳ janvier 1833, les extraits des inscriptions immatriculées au grand-livre de la dette publique devront être contrôlés et visés par un contrôleur spécial délégué par le contrôleur en chef.

Il sera adjoint à ce contrôleur spécial le nombre d'auxiliaires qui sera jugé nécessaire au service.

Le contrôle aura pour objet de constater qu'aucun extrait d'inscription n'est délivré qu'en échange, soit d'une ancienne inscription, soit d'une reconnaissance de versement, soit d'un bordereau de liquidation, ou de tout autre titre établissant, pour une somme égale, une créance régulière sur le Trésor public.

Ce contrôle s'exercera conformément aux dispositions ci-après :

ART. 2.

Inscription résultant du Transfert.

Les certificats de transfert, signés par l'agent comptable des transferts et mutations seront, au moment de leur arrivée au bureau du grand-livre, remis à un contrôleur placé près de ce bureau : ces certificats devront être accompagnés des anciens extraits des inscriptions, dont les signatures auront été préalablement biffées.

Le contrôleur s'assurera, par le rapprochement du titre ancien avec le certificat de l'agent comptable, qu'il y a identité entre les sommes portées sur l'une et sur l'autre de ces pièces : il enregistrera chaque certificat sur une feuille journalière présentant au *débit* les numéros des inscriptions vendues, et au *crédit* les sommes des nouvelles inscriptions à expédier.

Il frappera les anciens extraits du timbre du contrôle, et les remettra, avec les certificats, à l'agent comptable du grand-livre chargé de procéder à l'immatricule des inscriptions et à l'expédition des nouveaux extraits.

Les nouveaux extraits seront envoyés, le lendemain, à six heures du matin, au bureau des transferts à la Bourse, pour y être classés par ordre de certificats de transfert : à huit heures, le contrôleur devra être rendu à ce bureau.

Après que les extraits expédiés par l'agent comptable du grand-livre auront été vérifiés et signés, tant par l'agent comptable des transferts et mutations que par le délégué du directeur de la dette, ils seront aussitôt remis au contrôleur qui s'assurera qu'ils sont conformes aux articles de crédit portés la veille sur sa feuille.

Il constatera cette vérification, en enregistrant, en regard de chaque article de crédit, le numéro du nouvel extrait, et il signera le visa qui doit être apposé sur chaque inscription.

ART. 3.

Inscription par suite du dépôt de Titres et Pièces établissant le droit à la Mutation de propriété.

Lorsqu'une inscription devra avoir lieu par suite du dépôt de titres et pièces constatant le droit à la propriété d'une rente, le certificat de mutation sera accompagné du titre ancien annulé.

Le contrôleur s'assurera de la conformité des sommes portées dans les extraits, ou titres en tenant lieu, avec le certificat de mutation; il enregistrera ces sommes sur sa feuille journalière, prendra note des inscriptions à délivrer, frappera les anciennes du timbre du contrôle, et les remettra au bureau du grand-livre avec le certificat de mutation.

Après que les extraits nouveaux auront été signés par l'agent comptable du grand-livre, qu'ils auront été vérifiés et signés par l'agent comptable des transferts et par le directeur de la dette ou par son délégué, ils seront remis au contrôleur, qui reconnaîtra s'ils sont conformes à l'enregistrement fait par lui, et annotera sur sa feuille les numéros des extraits nouveaux qu'il revêtira de sa signature.

La même marche sera suivie à l'égard des divisions et réunions d'inscriptions.

Dans le cas de rectifications ou de rétablissement de rentes sur le grand-livre, le contrôleur se conformera aux dispositions ci-dessus; il devra, en outre, se faire représenter les ordonnances ou décisions du Ministre qui auront autorisé ces opérations, et les frapper du timbre du contrôle.

Il en sera de même dans le cas de remobilisation d'une rente, temporairement immobilisée pour un majorat, pour cautionnement, ou pour toute autre cause que ce soit, et toutes les fois qu'il y aura lieu à la délivrance d'un titre nouveau.

Quand un extrait de rente adiré devra être remplacé, en exécution de la loi du 3 messidor an XII, la décision du Ministre qui aura autorisé la délivrance du nouvel extrait, sera communiquée au contrôle, où elle sera enregistrée et frappé du timbre; le nouvel extrait sera soumis aux formalités ci-dessus détaillées.

Art. 4.

Les promesses d'inscription pour appoint au-dessous de dix francs de rente, et les certificats de participation à une inscription déposée, seront joints aux certificats de mutation, toute les fois qu'un porteur de ces valeurs ou titres en réclamera la conversion en une inscription définitive.

Les formalités à remplir par le contrôle, pour la conversion des promesses d'inscription, seront les mêmes que pour les réunions de plusieurs inscriptions définitives en une seule : les promesses seront frappées du timbre du contrôle.

Conversion de promesses d'inscription et de Certificats de participation.

A l'égard des certificats de participation, l'extrait déposé à la caisse centrale, et sur lequel la nouvelle inscription devra être prélevée, sera remis à l'agent comptable des transferts par le caissier central du Trésor. Sur une autorisation du directeur de la dette inscrite, et sur un reçu mis au bas de ladite autorisation, le titre sera joint au certificat de mutation ; et, après la vérification de l'enregistrement au contrôle, il sera frappé du timbre.

Les nouveaux extraits, signés par l'agent comptable du grand-livre, vérifiés et signés par l'agent comptable des transferts, et par le directeur de la dette inscrite, ou par son délégué, seront remis au contrôleur qui, après en avoir constaté la conformité avec son enregistrement, portera les numéros des nouvelles inscriptions sur sa feuille, et signera les extraits.

Les nouvelles inscriptions devant rester en dépôt entre les mains du caissier central, lui seront remises contre son récépissé visé et contrôlé.

Art. 5.

Lorsqu'une inscription aura pour cause une créance de l'arriéré, le certificat de l'agent comptable des transferts sera remis au contrôleur, accompagné du bordereau des ordonnances de paiement, signé par le payeur central, et visé par le directeur du mouvement général des fonds.

Le contrôleur s'assurera que les sommes en rentes, portées dans le certificat de mutation, sont la représentation de la créance énoncée en capital dans le bordereau du payeur ; il portera, sur sa feuille journalière, la rente nouvelle à inscrire, et frappera du timbre du contrôle le bordereau qu'il remettra au bureau du grand-livre avec le certificat de mutation.

Lorsque les extraits d'inscriptions nouvelles auront été expédiés et revêtus des signatures des agens comptables du grand-livre et des transferts et mutations, ainsi que du visa du directeur de la dette, ils seront remis au contrôleur, qui ne les signera qu'après avoir reconnu que les sommes qu'ils énoncent sont conformes aux enregistremens faits sur sa feuille, et après avoir apposé, en regard des articles de crédit correspondans, les numéros des inscriptions nouvelles.

Art. 6.

Lorsqu'une inscription sera demandée pour versement sur emprunt en rentes, le certificat devra être accompagné des coupons rentrés au Trésor, et dont les signatures auront été préalablement biffées par l'agent-comptable des transferts. Le bordereau des coupons acquittés, signé du déposant, devra également être joint au certificat de mutation.

Le contrôleur s'assurera que les coupons déposés sont d'une somme égale au montant des inscriptions à délivrer d'après les certificats de mutation. Il fera son enregistrement sur sa feuille journalière, et frappera les coupons du timbre du contrôle.

Après que les extraits d'inscriptions auront été signés par l'agent comptable du grand-livre, par celui des transferts et mutations, et par le directeur de la dette ou son délégué, le contrôleur comparera la somme portée sur l'extrait avec l'enregistrement sur sa feuille; et, s'il y a identité, il annotera sur cette feuille les numéros de chaque inscription, et revêtira les extraits de sa signature.

À l'égard des termes réservés en garantie par le Trésor, et pour lesquels il n'est pas établi de coupons, les certificats de l'emprunt, qui mentionnent le paiement de ces termes, et qui doivent être rapportés après l'entier acquittement des sommes pour lesquelles ils ont été délivrés, tiendront lieu des coupons à l'appui du certificat de mutation.

Les extraits d'inscription à remettre aux porteurs de ces certificats d'emprunt, seront assujettis aux mêmes formalités, de la part du contrôle, que ceux qui seront délivrés en échange des coupons.

Art. 7.

Lorsque le porteur d'un récépissé de versement sur l'emprunt national de 1831, ou d'une obligation de même origine, en demandera la conversion en une inscription sur le grand-livre, ces valeurs ou titres devront être joints aux certificats de mutation.

Le contrôleur, après s'être assuré de leur conformité, enregistrera sur sa feuille jonrnalière les inscriptions à délivrer; il frappera les valeurs et titres joints aux certificats de mutation du timbre du contrôle.

Après que les extraits auront été revêtus des trois signatures des agens comptables et du directeur, le contrôleur reconnaîtra l'identité des sommes avec l'enregistrement sur sa feuille, inscrira en regard de chaque article de crédit, les numéros des inscriptions nouvelles, et signera les extraits.

Art. 8.

Inscription en paiement d'une indemnité à un propriétaire dépossédé.

Le bordereau, approuvé par le Ministre, des indemnités liquidées en vertu de la loi du 27 avril 1825, sera remis au contrôle.

Le certificat de mutation devra être accompagné de ce bordereau.

Le contrôleur comparera les sommes énoncées dans l'une et l'autre de ces pièces, les enregistrera sur sa feuille, et frappera le bordereau du timbre du contrôle.

Lorsque les extraits auront été revêtus des trois signatures, désignées dans les articles précédens, le contrôleur, après avoir reconnu la conformité des extraits avec son enregistrement, en portera les numéros sur sa feuille, et y apposera sa signature.

Art. 9.

Conversion d'une rente directe en rente départementale et réciproquement.

Lorsque le porteur d'une rente directe demandera à la convertir en une rente sur un grand-livre départemental, le certificat de mutation devra être accompagné du titre à convertir.

Le contrôleur prendra note sur sa feuille de l'ancienne inscription annulée, et de la nouvelle à opérer; et la lettre de crédit à expédier au receveur général par l'agent comptable du grand-livre, signée par l'agent comptable des transferts et mutations, et par le directeur de la dette inscrite, sera revêtue du visa du contrôleur, après qu'il se sera assuré de la conformité de la somme énoncée dans cette lettre de crédit, avec l'enregistrement pris sur le certificat de mutation.

L'ancien extrait sera frappé du timbre du contrôle, et le numéro de la lettre de crédit sera porté sur la feuille d'enregistrement.

Lorsque le porteur d'une rente départementale en demandera la conversion en une inscription directe, le titre à échanger sera joint au certificat de mutation, et l'opération aura lieu de la même manière que pour un transfert de rente directe. La lettre de débit, adressée au receveur général, sera également visée au contrôle, qui frappera de son timbre l'inscription départementale.

Art. 10.

Lorsque le porteur d'une rente nominative en demandera la conversion en une rente au porteur, le certificat de mutation devra être accompagné du titre à convertir, et dont les signatures auront été préalablement biffées par l'agent comptable des transferts.

Le contrôleur, après s'être assuré de l'exactitude des sommes portées dans le certificat, les enregistrera sur sa feuille, et frappera du timbre de contrôle, les extraits anciens à échanger.

Les extraits d'inscription au porteur ne devant être remis aux parties que le second jour après la signature du certificat de transfert, ne seront revêtus du visa du directeur de la dette inscrite et de celui du contrôleur qu'au moment où la remise en sera faite aux parties.

Les extraits de cette nature feront l'objet d'une feuille spéciale, qui détaillera chaque coupure de rente au porteur.

La conversion des rentes au porteur en rentes nominatives s'opérera de la même manière que le transfert des rentes nominatives : le titre ancien sera frappé du timbre de contrôle.

Au moyen de ces dispositions, le chef du bureau central cessera de signer les extraits d'inscription au porteur. (Voir *l'arrêté précédent du 9 octobre 1832.*)

Art. 11.

Lorsque, par suite d'une erreur dans l'expédition d'un extrait signé, la veille, par l'agent comptable du grand-livre, il y aura lieu à recopier cet extrait, sans qu'il y ait à opérer aucun changement dans la propriété de la rente, le contrôleur ne devra apposer sa signature sur la nouvelle expédition rectifiée, que sur le vu de la première annulée, qu'il frappera du timbre de contrôle.

Il sera fait annulation de l'article sur la feuille d'enregistrement de la journée, et les articles annulés seront reportés dans la feuille de la journée où se fera la livraison du titre.

Art. 12.

Chaque jour, à onze heures du matin, et après la signature des extraits expédiés la veille, le contrôleur remettra au contrôleur en chef les feuilles des enregistremens faits par lui : ces feuilles devront être divisées par nature de rentes émises.

Les résultats des opérations constatées par le contrôle, et d'accord avec ceux que recueille le directeur de la dette inscrite, seront mis, chaque jour, sous les yeux du Ministre par le contrôleur en chef.

Arrêté du Ministre sur la comptabilité et le Contrôle des Débets et Créances poursuivies par l'Agent judiciaire du Trésor.

Du 9 Octobre 1832.

CHAPITRE Ier.

Établissement et Liquidation des Débets et Créances litigieuses.

SECTION Ire.

Débets des Comptables des Finances.

ARTICLE 1er.

Aussitôt qu'un comptable ressortissant au ministère des finances est remplacé pour cause de débet constaté, soit par l'examen des écritures et des pièces, soit par des vérifications de caisse et de régie, soit par des arrêts de la cour des comptes, le compte de sa gestion courante est clos et arrêté, et le montant du débet est transporté dans les écritures de la comptabilité générale des finances , au compte général des comptables en débet , et à un compte individuel.

Art. 2.

En même temps, le directeur de la comptabilité générale remet au directeur du contentieux des finances, avec les pièces à l'appui , un état dûment certifié, présentant la situation du comptable débiteur, et énonçant les renseignemens qui auraient été recueillis, tant sur les causes qui peuvent accroître ou atténuer le débet, que sur les diverses parties de l'actif du comptable.

Art. 3.

A la réception de cet état de situation , il est ouvert un compte à chaque débiteur dans les bureaux de la direction du contentieux, qui prend, pour la prompte réalisation des débets, toutes les mesures que réclament les intérêts du Trésor.

Art. 4.

Dans la notification faite à la direction du contentieux par la comptabilité générale , le débet ne figure qu'en principal seulement ; mais l'état de situation indique les dates à partir desquelles les intérêts sont exigibles, afin que la liquidation puisse en être faite ultérieurement par qui de droit, lors du paiement partiel ou intégral du débet.

Art. 5.

Les intérêts des débets qui ressortent des écritures et des comptables, sont calculés d'après les décomptes que l'administration en fait établir, savoir :

1° Pour les receveurs généraux des finances, jusqu'au jour de l'arrêté de leur compte courant avec le Trésor.

2° Pour tous les autres comptables des finances, jusqu'au jour où le compte final à rendre à la cour des compte est arrêté par l'administration.

Les intérêts courus sur ces mêmes débets, depuis les époques ci-dessus indiquées, sont calculés d'après les arrêts de la cour des comptes qui en fixent le point de départ.

A l'égard des débets résultant des forcemens en recette ou radiations de dépenses, qui seraient prononcés par la cour des comptes , les intérêts en sont calculés d'après les époques fixées par les arrêts mêmes de la cour.

ART. 6.

Toutes les fois que la direction du contentieux établit le décompte des intérêts à la charge d'un comptable en débet, elle notifie à la comptabilité générale des finances le résultat de la liquidation, afin que le montant du décompte soit porté en augmentation de débet; il en doit être de même des frais de poursuites qui auraient été payés à la charge du comptable.

ART. 7.

Tous les arrêts de la cour des comptes adressés au ministère des finances sont renvoyés par le secrétariat du ministère à la comptabilité générale qui provoque, en ce qui la concerne, les mesures relatives, soit à la levée des charges imposées par la cour, soit au versement des débets provenant de radiations de dépenses ou des forcemens de recettes qui sont prononcés contre des comptables en exercice.

ART. 8.

Si le comptable constitué en débet par arrêt de la cour des comptes a cessé ses fonctions, la comptabilité générale, après avoir gardé copie de l'arrêt, le transmet sans retard à la direction du contentieux, en accompagnant cet envoi d'un avis indiquant si le débet peut être soldé, soit par de simples régularisations, soit par l'application d'un actif dont la connaissance résulte des écritures, et dont la réalisation doit être provoquée par la comptabilité générale.

Dans ce cas, le directeur du contentieux se borne à faire faire par l'agence judiciaire, les actes conservatoires qui peuvent être nécessaires; dans le cas contraire, il fait commencer immédiatement les poursuites.

ART. 9.

La comptabilité générale transmet également au directeur du contentieux les arrêts constatant la libération définitive des comptables, et autorisant la mainlevée des inscriptions hypothécaires prises sur leurs biens.

SECTION II.

Debets divers et Créances litigieuses.

ART. 10.

Le directeur du contentieux reçoit des ministères et administrations publiques, avec le titre à l'appui, la notification des débets liquidés par eux à la charge des entrepreneurs, fournisseurs, agens comptables et préposés divers, autres que les comptables des finances, ainsi que l'avis des réductions que ces débets ont éprouvées par suite de rectifications ou de décharges.

De son côté, le directeur de la comptabilité générale reçoit tous les mois, des ministères et administrations, un état récapitulatif des débets et des réductions qu'ils ont successivement notifiés à la direction du contentieux.

ART. 11.

Le directeur de la comptabilité générale des finances reçoit en outre du directeur du contentieux l'avis de toutes les créances parvenues à la connaissance de l'agence judiciaire du Trésor, par suite de révélations, de découvertes, de condamnations, et par tous autres moyens que ceux qui sont indiqués à l'article précédent.

ART. 12.

Il est ouvert un compte individuel à chaque débiteur sur les registres tenus à à la direction du contentieux des finances, laquelle prend en même temps, pour le recouvrement du débet, toutes les mesures que réclament les intérêts de l'État. Il est également suivi, dans les mêmes bureaux, des comptes par Section, où sont classés tous les débiteurs d'une même catégorie.

CHAPITRE II.

Recouvrement des Debets et Créances litigieuses.

ART. 13.

Les versemens sur les débets et créances litigieuses sont opérés, soit à la caisse centrale du Trésor, soit aux caisses des receveurs généraux et particuliers des finances dans les départemens. Les comptables s'en chargent au compte des recettes accidentelles avec la distinction spéciale de recettes sur débets, et la comptabilité générale en fait l'application dans ses écritures au crédit de chaque débiteur.

Le comptable entre les mains duquel le paiement a eu lieu, en délivre un récépissé à talon à la partie versante, et il transmet immédiatement une déclaration de ce versement au directeur du contentieux des finances.

Art. 14.

Le directeur de la comptabilité générale remet à la fin de chaque mois, et plus tôt, s'il y a lieu, au directeur du contentieux un état certifié de tous les versemens effectués tant à Paris que dans les départemens, à valoir sur les débets de toute nature poursuivis à la requête de l'agence judiciaire du Trésor.

Art. 15.

Le directeur du contentieux, au reçu de ces états et documens, fait enregistrer les versemens aux comptes des débets et créances ouverts sur les livres de sa direction, et il informe successivement les ministères et les administrations de la situation des recouvremens opérés sur l'actif des agens dont ils lui ont notifié les débets.

CHAPITRE III.

Contrôle des Débets, Créances et Valeurs diverses à recouvrer par l'agence judiciaire.

Art. 16.

Le directeur de la comptabilité générale des finances tient le contrôle des débets et créances de toute nature dont le recouvrement est poursuivi à la requête de l'agence judiciaire du Trésor.

Il fait ouvrir sur un registre spécial un compte à chaque comptable ou débiteur.

Ce compte est chargé du montant du débet ou de la créance, et il ne peut en être déchargé que par des versemens effectifs dans les caisses du Trésor public et par la réduction, l'abandon ou la caducité des créances, prononcés par ordonnances royales, arrêts de la Cour des comptes, jugemens, décisions ministérielles ou autres titres réguliers.

Art. 17.

Les élémens des écritures du contrôle sont :

1.° Pour le débit :

Les liquidations des débets de comptables, opérées par la comptabilité générale et notifiées à l'agence conformément à l'article 1.er ;

Les liquidations de débets divers opérées dans les ministères et les administrations, et dont les états mensuels sont fournis à la comptabilité générale (art. 10 et 18) ;

Les liquidations d'intérêts et de frais, susceptibles d'augmenter le montant des débets et qui sont notifiées par la direction du contentieux à la comptabilité générale (art. 6) ;

Enfin les déclarations de l'agence judiciaire pour tous les débets ou créances dont la connaissance lui est parvenue autrement que par les moyens ci-dessus spécifiés (art. 11).

2.° Pour le crédit :

Les recouvremens opérés sur les débets dont il est donné connaissance à l'agence (art. 13 et 14) ;

Les réductions prononcées sur les débets divers par les ministères et administrations, et notifiées tous les mois à la comptabilité générale (art. 10) ;

Les décharges et déclarations de caducité provoquées par l'agence, et dont les ampliations dûment certifiées devront être transmises mensuellement à la comptabilité générale.

Art. 18.

Dans les premiers jours de chaque mois, le directeur du contentieux remet à la comptabilité générale un état présentant par débiteur le mouvement des accroissemens et diminutions que les débets et les créances ont éprouvés pendant le mois précédent.

Art. 19.

Le directeur du contentieux fait dresser, chaque année, un état sommaire, et par nature de créance, de la situation de tous les débets et créances dont le recouvrement lui est confié.

16

Cet état indique le montant des sommes dues, celles qui ont été recouvrées, réduites, abandonnées ou déclarées caduques dans le cours de l'année, et celles qui restent à recouvrer.

Le directeur de la comptabilité générale vérifie ledit état qui est inséré au compte annuel des finances et soumis à la commission chargée de l'examen des comptes ministériels.

Art. 20.

La commission s'assure de l'exactitude des résultats par l'examen des pièces indiquées à l'article 17.

Art. 21.

Le directeur du contentieux fait former également, chaque année, pour être inséré au compte annuel des finances, un état sommaire de tous les débets et créances. Cet état contient, d'après la situation des poursuites et les documens existans, la distinction des créances en créances bonnes, douteuses et irrecouvrables.

Les motifs de l'appréciation de chaque débet sont consignés sur des états détaillés que le directeur du contentieux fait dresser par classe et par débiteur, et qui sont mis sous les yeux de la commission avec les pièces et dossiers dont la communication serait jugée nécessaire.

Art. 22.

Il est tenu à la direction du contentieux un registre d'ordre destiné à constater les mouvemens, la situation et le lieu du dépôt des traites, effets, annuités, engagemens, lettres d'avis, inscriptions de rentes, &c., &c., qui lui ont été envoyés.

Ce registre se compose d'un compte général d'entrée et de sortie desdites valeurs, et d'un compte spécial indiquant la nature des valeurs et le nom des personnes entre les mains desquelles elles auront été transmises.

Le Ministre se réserve de faire vérifier ce registre d'ordre, à des époques indéterminées par des agens de l'inspection générale des finances.

Art. 23.

Tous les arrêtés antérieurs sur l'établissement et le contrôle des débets et créances litigieuses sont et demeurent rapportés.

SECTION TROISIÈME.

DIRECTION ET SURVEILLANCE DES FONDS DU TRÉSOR ET DES COMPTABLES PUBLICS.

Arrêté du Ministre sur le Service du mouvement général des fonds.

Du 9 Octobre 1832.

1. Le directeur du mouvement général des fonds du Trésor public est chargé, sous les ordres du ministre, d'appliquer les recettes aux dépenses sur tous les points du royaume, de prescrire les mouvemens de fonds qui doivent assurer le service, de donner les directions convenables aux excédans de recettes que présentent les départemens, de pourvoir aux insuffisances, de proposer et de suivre, dans leur exécution, les négociations, escomptes et émissions d'effets publics et autres valeurs du Trésor; d'établir et de régler les comptes courans du Trésor avec les receveurs généraux et autres correspondans, d'arrêter ces comptes aux époques prescrites par les instructions, de proposer les conditions du service de chaque année avec les comptables et correspondans du Trésor, et de liquider toutes les dépenses inhérentes au service de trésorerie d'après les dispositions préalablement arrêtées par le ministre.

2. Le service de trésorerie aux armées et à l'étranger est aussi dans les attributions du directeur du mouvement des fonds, tant pour la réalisation des fonds que pour le personnel et le matériel.

3. Le compte des crédits ouverts aux ministres par les lois de finances est tenu à la direction du mouvement des fonds, où est préparée l'ordonnance de distribution soumise, chaque mois, à la signature du Roi, en conséquence des demandes et états transmis par les ministres.

16.

Les ordonnances délivrées par les ministres sont remises à la direction du mouvement des fonds, qui en fait écriture avec imputation par chapitre sur le montant des crédits qui leur sont ouverts par les lois et les ordonnances royales. Le directeur vise ces ordonnances et les met en paiement; il les transmet à cet effet, soit en original, soit par extrait, aux payeurs du trésor, et leur ouvre des crédits correspondans sur les caisses chargées d'en fournir les fonds.

Les pièces justificatives envoyées par les ministres ordonnateurs à l'appui de leurs ordonnances, sont déposées avec ces ordonnances à la direction de la comptabilité générale, qui les rattache à la gestion des comptables extérieurs. Les ordonnances payables à Paris sont remises au payeur des dépenses centrales du Trésor avec les pièces à l'appui. La direction du mouvement des fonds fournit à la comptabilité générale des bordereaux énonciatifs de ces dernières ordonnances.

4. Le directeur du mouvement des fonds admet ou rejette les dispositions faites sur le Trésor par les receveurs généraux et autres correspondans au débit de leur compte courant; il en autorise le paiement au fur et à mesure des échéances. Les dépenses, envois, escomptes et délivrances de valeurs à effectuer par la caisse centrale sont également autorisés par lui.

5. Toute traite tirée sur le Trésor n'est acceptée qu'autant qu'il en a donné l'autorisation, après s'être assuré que l'enregistrement en a été fait au contrôle de la caisse.

6. Le directeur du mouvement des fonds fixe la quotité et les échéances des mandats à délivrer sur les départemens et les arrondissemens, en échange des fonds versés au Trésor. Il peut déléguer au caissier central la signature des lettres d'avis à transmettre aux comptables chargés d'acquitter ces mandats, lesquels sont soumis préalablement au contrôle des caisses.

7. Les bons du caissier central sur la banque de France ne sont valables qu'autant qu'ils ont été visés par le directeur du mouvement des fonds, qui ne doit les signer qu'après s'être assuré de leur visa et de leur enregistrement au contrôle.

8. Le directeur du mouvement des fonds correspond avec les receveurs généraux, les receveurs particuliers, les payeurs, les administrations et les particuliers, pour toutes les affaires qui sont dans ses attributions et qui dérivent des instructions générales arrêtées par le Ministre.

9. Il se fait remettre par les receveurs généraux, par le caissier central, et par tous les comptables dont le concours lui est nécessaire, les états de situation, documens et aperçus qui doivent le mettre à portée de faire les dispositions qu'exige la régularité du service.

10. Il autorise les dispositions et viremens des receveurs généraux entre eux, dans les limites tracées par les instructions.

11. Il reçoit et fait exécuter les commissions des receveurs généraux pour ventes et achats de rentes, qui lui sont adressées pour compte des habitans des départemens, en exécution de l'article 21 de l'ordonnance du 14 avril 1819. Son intervention dans ces opérations se borne à la transmission aux agens de change des bordereaux dressés par les receveurs généraux, aux autorisations à donner pour les recettes et paiemens qui en résultent, et aux écritures à prescrire pour en débiter ou créditer les comptables.

Le directeur du mouvement des fonds n'admet ces commissions que pour rentes et effets publics dus par le Trésor, et pour les opérations au comptant.

12. Il concourt avec la comptabilité générale, à la surveillance de la gestion des comptables, réclame les vérifications qui lui paraissent nécessaires, et est tenu de rendre compte exactement au Ministre des irrégularités qu'il reconnaît.

13. Il fait examiner, mais sans déplacement, les remises effectuées à la caisse centrale par les receveurs généraux, et adresse à ces comptables les observations dont elles sont susceptibles.

14. La direction du mouvement des fonds tient une comptabilité qui lui est spéciale, et qui a pour objet de faire connaître les ressources et valeurs actives applicables au service de trésorerie, le passif de ce service, la situation individuelle des comptables et correspondans en relation avec la direction, la

balance journalière des comptes, les intérêts, frais et dépenses résultant des opérations de trésorerie.

15. Les écritures de la direction du mouvement des fonds s'appuient sur les bordereaux de recette et de paiemens qui lui sont adressés, chaque dizaine, par les receveurs généraux; sur la correspondance, sur les élémens de comptabilité fournis par la caisse centrale, sur les pièces qui justifient les faits de recette et de dépense, et enfin sur les renseignemens contradictoires qui doivent être puisés au contrôle des caisses et à la comptabilité générale. Le contrôle remet en conséquence à la direction tous les documens qu'elle est dans le cas de lui demander. Les directions de la comptabilité et du mouvement des fonds se doivent mutuellement toutes les communications de pièces et états qui sont de nature à assurer la régularité de leurs opérations respectives. La direction du mouvement des fonds est tenue spécialement de fournir les balances et relevés sommaires de ses écritures à la direction de la comptabilité générale.

16. Les extraits de comptes courans et d'intérêts du Trésor avec les receveurs généraux, administrations et correspondans, sont arrêtés par le directeur du mouvement des fonds, qui les signe conjointement avec le chef des comptes courans et écritures.

17. Les dépenses liquidées par la direction du mouvement des fonds, en conséquence des dispositions préalablement arrêtées par le Ministre, sont présentées à son ordonnancement par le secrétariat général, d'après les bordereaux dûment établis par le directeur du mouvement des fonds, lequel signe des extraits de ces ordonnances et transmet aux receveurs généraux ceux qui doivent être joints à l'appui de leurs comptes.

18. La direction du mouvement des fonds établit, pour chaque année, le compte général des dépenses faites pour frais de trésorerie, intérêts de la dette flottante et frais de négociation. Ce compte est soumis à l'examen et à la vérification d'une commission nommée par le Roi, conformément aux dispositions des ordonnances royales des 18 novembre 1817, 19 janvier 1820, 8 juin 1821 et 15 janvier 1823. Une ampliation du procès-verbal de la commission est transmise à la cour des comptes.

19. Le directeur du mouvement des fonds prend, chaque jour, les ordres du Ministre, il lui présente la situation journalière du Trésor, et lui rend compte de la marche du service.

20. Le travail de la direction du mouvement des fonds est distribué entre trois sections.

La première est chargée de la correspondance générale du service à Paris, de l'enregistrement et de la mise en paiement des ordonnances, des distributions mensuelles, des aperçus généraux et journaliers des ressources et des besoins, de l'exécution des commissions pour ventes et achats de rentes.

La deuxième, du service extérieur et de la correspondance y relative.

La section de comptabilité, confiée à un sous-directeur chef des comptes courans et écritures, réunit tous les élémens de la comptabilité de la direction et des comptes ouverts par le Trésor aux receveurs généraux et aux autres correspondans; elle établit ces comptes, en forme la balance journalière, liquide les dépenses, et dresse les extraits de comptes courans et d'intérêts qui doivent être arrêtés par le directeur.

Arrêté du Ministre sur le Service de la Comptabilité générale des finances.

Du 9 Octobre 1832.

1. Le directeur de la comptabilité générale des finances est chargé, sous les ordres du Ministre, de régler les formes de toutes les comptabilités de deniers publics, d'en réunir périodiquement les élémens et les pièces justificatives, d'en contrôler les résultats, et de les constater dans des écritures centrales qui servent de base aux comptes et situations à soumettre au Ministre, à présenter au Roi et à distribuer aux Chambres.

2. Il veille à ce que les comptables constatent dans leurs écritures toutes les liquidations de droits qui établissent soit des recouvremens à faire pour le compte de l'État, soit des dépenses à acquitter au profit de ses créanciers; il suit la rentrée des impôts dans les délais prescrits; il prépare et propose toutes les

mesures relatives au réglement législatif des Budgets et à l'apurement des exercices.

3. Il concourt, avec la direction du mouvement des fonds, à la surveillance de la gestion des comptables, réclame les vérifications qui lui paraissent nécessaires, et est tenu de rendre compte exactement au Ministre de toutes les irrégularités qu'il reconnaît. Il lui soumet, de concert avec les directions compétentes, les mesures de sûreté ou de répression qu'il juge dans l'intérêt du service.

4. Il reçoit les comptes annuels de tous les comptables des finances, en reconnaît et certifie la conformité avec les écritures et pièces successivement vérifiées, et les adresse à la Cour des Comptes avec les titres justificatifs à l'appui, à l'exception des pièces de dépenses du payeur central et du caissier central du Trésor, qui sont soumises, par l'arrêté du 24 juin dernier, à des mesures spéciales de contrôle. Il transmet également à la Cour des Comptes les résumés généraux des comptes individuels par classe de comptables et nature de services, ainsi que les états comparatifs qui la mettent en mesure de rapprocher les résultats des comptes individuels avec les comptes généraux des finances, et de prononcer ses déclarations annuelles, en exécution de l'ordonnance royale du 9 juillet 1826.

Les expéditions des arrêts de la Cour des Comptes lui sont renvoyées, et il veille à ce qu'il soit satisfait aux charges et injonctions qu'ils peuvent contenir.

5. Il fournit à la commission instituée par l'ordonnance du 10 décembre 1823 tous les documens qui lui sont nécessaires à l'effet de vérifier et d'arrêter, chaque année, les écritures de la comptabilité générale au 31 décembre, et d'en constater la concordance, tant avec celles des comptables et des ordonnateurs, qu'avec le compte général des finances.

6. Il se fait remettre les copies de journaux, balances, bordereaux et états de développement, les pièces justificatives de recette et de dépense, et tous autres documens nécessaires, soit pour le contrôle et la surveillance de la gestion des comptables, soit pour l'ordre des écritures et des comptes généraux.

7. Il reçoit des ministères ordonnateurs et des différentes divisions du ministère des finances, les élémens de comptabilité et de contrôle qu'exigent les besoins de son travail.

Il doit réciproquement aux divers ministères et à chacune des directions du ministère des finances, toutes les communications de résultats, pièces ou états qui sont de nature à assurer la régularité de leurs opérations respectives.

Rapports avec les ministères ordonnateurs, et avec les directions du ministère des finances.

8. Il est spécialement chargé de suivre et d'assurer l'exécution des réglemens et instructions sur la perception et sur les poursuites en matière de contributions directes, sauf les questions judiciaires ou administratives, qui sont du ressort du directeur du contentieux des finances et de l'administration des contributions directes.

Suite du recouvrement et des poursuites en matière de contributions directes.

9. Il traite, selon ses attributions et en se concertant, s'il y a lieu, avec les autres directions administratives, les questions relatives à l'application des réglemens sur la responsabilité imposée aux comptables, tant pour les actes de leur propre gestion que pour ceux de leurs subordonnés.

Question de responsabilité.

10. Il propose au Ministre, de concert avec le directeur du mouvement des fonds, les conditions d'après lesquelles sont réglées, chaque année, les bonifications à allouer aux receveurs des finances sur le recouvrement anticipé des contributions directes.

Règlement des bonifications sur le recouvrement des contributions directes.

11. Il fait vérifier les décomptes de ces bonifications et ceux qui établissent des sommes à prélever par les percepteurs pour leurs remises, et par les receveurs des finances, pour leur traitement fixe et leurs taxations sur les contributions directes, les produits de bois et les recettes diverses. Il transmet ces états de liquidation au secrétariat général, chargé d'en provoquer l'ordonnancement.

Liquidation de ces bonifications, des remises des percepteurs et des taxations des receveurs des finances.

12. Il suit, de concert avec les directions compétentes, les dispositions concernant l'installation des comptables, les gestions intérimaires, le versement et le remboursement des cautionnemens.

Installation, gestions intérimaires, cautionnemens.

13. Le directeur de la comptabilité générale concourt à la surveillance de la gestion et de la comptabilité des receveurs des communes et des établissemens

Comptabilité des communes et établissemens.

de bienfaisance; il veille à la remise exacte des budgets, ainsi qu'à la reddition et à l'apurement des comptes.

Il fait tenir le compte récapitulatif, par département, des placemens faits au Trésor par les communes et établissemens publics; il contrôle, en fin d'année, les résumés des décomptes d'intérêts que lui adressent les receveurs généraux, les certifie et les transmet au secrétariat général pour être ordonnancés.

14. Il établit la liquidation des débets de comptables, d'après les procès-verbaux de vérification, les renseignemens que lui fournit la direction du mouvement des fonds, les écritures et les arrêts de la Cour des comptes, et il en transmet des situations certifiées au directeur du contentieux des finances.

Il tient, conformément à l'arrêté spécial en date de ce jour, le contrôle des débets et créances litigieuses dont le recouvrement est poursuivi par l'agence judiciaire du Trésor, et pour lesquelles il fait ouvrir un compte à chaque débiteur. Il entretient, à cet effet, avec le directeur du contentieux, des relations périodiques au moyen desquelles les accroissemens et les atténuations qu'éprouvent les débets et créances, sont constatés contradictoirement et justifiés sur pièces, et il met tous les résultats et élémens de ce travail sous les yeux de la commission nommée annuellement en exécution de l'ordonnance du 10 décembre 1823.

15. Le directeur de la comptabilité générale correspond avec les comptables, les chefs de service à Paris et dans les départemens, les administrations et les particuliers, pour toutes les affaires qui sont dans ses attributions et qui dérivent des instructions générales arrêtées par le Ministre.

16. Il met sous les yeux du Ministre, les relevés et documens propres à lui faire connaître périodiquement la situation de chaque comptable, la marche des services de recette et de dépense, l'état des budgets et le bilan de l'administration des finances.

17. Il propose la nomination des employés placés sous ses ordres et les mesures relatives au personnel de ses bureaux.

18. Le travail de la comptabilité générale est distribué ainsi qu'il suit:

Un bureau d'ordre et de correspondance;

Cinq bureaux de contrôle des diverses comptabilités élémentaires;

Un bureau central d'écritures et de résultats généraux,

Ces bureaux ont les attributions suivantes:

1° *Bureau d'ordre et de correspondance.*

Réception et mouvement des dépêches et pièces;

Questions de comptabilité générale ou contentieuse;

Application des réglemens sur la responsabilité des comptables et sur le service financier des communes et établissemens publics;

Correspondance relative aux vérifications des inspecteurs des finances, à la surveillance de la perception et aux poursuites en matière de contributions directes.

2° *Bureaux de contrôle des comptabilités élémentaires.*

Vérification des élémens d'écritures adressés par les différens comptables des finances; contrôle des recettes au moyen des talons de récépissés, des relevés de rôles, des états de produits et autres document certifiés par les agens administratifs chargés de constater les droits et perceptions; contrôle des paiemens par les acquits et les pièces justificatives de dépenses; contrôle des mouvemens de fonds et des opérations en compte courant par les déclarations contradictoires des comptables et des correspondans;

Formation de bordereaux mensuels de recette et de dépense, établis par classe de comptables, d'après leurs déclarations vérifiées sur pièces et servant de base aux écritures centrales de la comptabilité des finances;

Vérification et apurement des comptes annuels de tous les comptables des finances; établissement des résumés généraux de ces comptes par classe de comptables et par nature de services, à transmettre à la Cour des comptes comme élémens du contrôle prescrit par l'ordonnance du 9 juillet 1826.

Préparation de la correspondance et des instructions générales ou particulières sur tous les détails de la comptabilité.

17.

*3° Bureau central des écritures et des résultats généraux
confié à un sous-directeur.*

Description sur un journal, sur un grand-livre et sur des livres auxiliaires, par nature spéciale de services, des résultats constatés sur les bordereaux mensuels de recette et de dépense et de liquidations de droits, formés, soit par les bureaux chargés des comptabilités élémentaires, soit par les directions administratives du ministère des finances, soit par les ministères ordonnateurs.

Établissement d'après les balances de ces livres, des comptes de mois, de la situation générale des finances et de tous les résultats généraux qui doivent être mis périodiquement sous les yeux du Ministre.

Rédaction du compte général des finances, réunion des comptes spéciaux qui y sont rattachés, des comptes de dépense des différens ministères et de tous les documens nécessaires pour le réglement législatif des budgets. Préparation des divers élémens du travail de la commission nommée annuellement pour l'examen des comptes des ministères, en exécution de l'ordonnance du 10 décembre 1823.

Contrôles généraux concernant les mouvemens de fonds, les opérations en compte courant, les débets de l'agence judiciaire, et autres résultats constatés contradictoirement dans les diverses comptabilités.

Formation du Résumé général des viremens de comptes, dans la forme prescrite par l'arrêté ministériel du 21 juillet 1826, et travaux relatifs au contrôle attribué à la Cour des comptes par l'ordonnance royale du 9 du même mois.

DISPOSITION SPÉCIALE.

Arrêté du Ministre réglant l'exécution et le contrôle des opérations relatives à l'emprunt de 150 millions négocié le 8 août 1832.

Du 4 Août 1832.

ARTICLE Ier.

Les rentes à créer pour le montant de l'emprunt de 150 millions, d'après le prix de l'adjudication, seront portées, dans les écritures de la dette inscrite, au crédit d'un compte spécial intitulé : *Trésor public, son compte de rentes vendues en vertu des crédits ouverts par les lois des 5 janvier, 25 mars, 18 avril 1831 et 21 avril 1832* (ordonnance royale du 7 juillet 1832).

Le dixième de cette somme qui doit rester en réserve, pour la garantie du Trésor public, jusqu'au paiement du solde définitif, y figurera par un article distinct. Ce compte sera successivement débité des rentes inscrites au nom des porteurs de certificats, en raison des termes acquittés.

ART. 2.

Les certificats de négociations seront conformes au modèle ci-annexé ; les coupures et le nombre des certificats seront déterminés aussitôt après l'adjudication de l'emprunt : ils seront signés par le chef agent comptable du grand-livre, et ne pourront être délivrés qu'après avoir été visés pour le directeur de la dette inscrite, par le chef du bureau central chargé du contrôle.

ART. 3.

La remise des certificats sera faite à la compagnie adjudicataire par les soins et sous la surveillance du directeur de la dette inscrite, en échange des récépissés à talon du caissier central, visés au contrôle des caisses, et constatant le paiement des deux premiers termes de l'emprunt. Ces récépissés ne feront qu'une seule et même chose avec le certificat portant mention de l'acquittement des deux premiers termes, et qui devra être rapporté à la dette inscrite après le paiement intégral de tous les termes.

Art. 4.

Le directeur de la dette inscrite fera établir un compte pour chaque certificat de l'emprunt. Ce compte présentera d'une part, le montant et l'échéance de chaque terme à payer, la rente afférente aux certificats pour chaque paiement, et, d'autre part, les sommes versées, avec indication des numéros des bulletins de la caisse et des dates, et enfin les rentes inscrites, avec les numéros des inscriptions et leurs dates. Il y sera fait distinction spéciale des sommes versées sur les deux premiers termes et qui, étant réservées pour la garantie du Trésor, ne doivent donner lieu à une délivrance de rentes qu'après le paiement de tous les termes. Il sera tenu un compte récapitulatif dans la même forme, pour chaque série de certificats.

Art. 5.

Le directeur de la dette inscrite devra recevoir, chaque jour, du contrôle de la caisse, les bulletins des versemens qui auront été faits sur chaque terme. Ces bulletins indiqueront les numéros des certificats et les termes auxquels s'appliquera chacun des versemens.

Art. 6.

Le dépouillement des bulletins de versement sera fait immédiatement par le bureau central et de contrôle de la dette inscrite, qui en fera écriture au compte des certificats, et s'assurera, lors de la remise des coupons qui seront rapportés quittancés, pour être échangés contre des rentes, que les quittances données par le caissier sont conformes aux bulletins de versemens.

Art. 7.

Les coupons quittancés, destinés à être échangés contre des inscriptions de rentes, seront remis, par les parties, à un bureau spécial de dépôt, avec un bordereau en deux expéditions, dont l'une, signée de l'agent commis au dépôt, sera, après vérification sommaire, rendue à la partie déposante.

Art. 8.

Après la confrontation prescrite par l'article 6 et le rapprochement des coupons avec leurs talons restés entre les mains de l'agent comptable du grand-livre, les signatures desdits coupons seront biffées, et l'agent comptable des transferts dressera le certificat de mutation du compte du Trésor au compte de l'ayant droit. L'agent comptable du grand-livre, sur la remise qui lui sera faite du certificat de transfert énonçant les coupons qui donneront droit à la délivrance de la rente, devra en faire l'émargement sur un compte d'ordre tenu par certificat pour la rentrée des coupons, inscrire la rente, en expédier l'extrait d'inscription et le remettre, signé de lui, à l'agent comptable des transferts. Celui-ci, après en avoir reconnu l'exactitude et la conformité avec son certificat de transfert, signera les extraits et les transmettra au bureau central et de contrôle de la dette inscrite où seront enregistrés, au compte de chacun des certificats, le numéro, la date et le montant de l'inscription correspondant à chaque terme payé.

Ces formalités étant remplies, les extraits d'inscription seront délivrés aux parties contre la remise de l'expédition du bordereau portant reconnaissance de dépôt.

La délivrance des inscriptions devra être effectuée, au plus tard, dans les cinq jours de la date du dépôt, non compris les jours fériés.

Art. 9.

La direction de la dette inscrite remettra, chaque jour, à la direction de la comptabilité générale des finances, un bordereau des rentes inscrites, avec indication des termes sur lesquels elles auront été imputées. Ce bordereau fera connaître en même temps les mouvemens du fonds de garantie et la situation sommaire des coupons non rentrés.

Art. 10.

Le caissier central du Trésor est autorisé à faire recevoir les versemens sur l'emprunt de 150 millions par la sous-caisse des recettes et auxiliairement par le comptoir de la sous-caisse centrale, lequel recevra spécialement les versemens de la compagnie adjudicataire, ou des souscripteurs qui en feront partie, les sommes présentées après l'expiration du délai de cinq jours fixé par l'article 14 de l'arrêté formant cahier des charges, et enfin les sommes dont l'anticipation aurait été autorisée. Toutefois, la comptabilité du paiement des termes de l'emprunt sera centralisée dans les écritures de la sous-caisse des recettes.

ART. 11.

Aucun versement ne sera reçu à la sous-caisse des recettes ou au comptoir auxiliaire que sur un bulletin signé par la partie versante et énonciatif des coupons qu'elle entend acquitter. Ce bulletin sera de couleur semblable au certificat de chaque série auquel le versement se rapportera. Il sera fait en double expédition, dont l'une seulement sera garnie d'une souche portant reconnaissance de dépôt des coupons, et obligation de les rendre quittancés dans le délai de 24 heures (les jours fériés non compris).

Les bulletins devront être présentés au contrôle avant encaissement.

Le bulletin sans souche sera retenu par le contrôle, qui le visera et le transmettra à la direction de la dette inscrite. L'autre bulletin sera retenu par la caisse. La souche en sera détachée, visée par le contrôle et remise ensuite à la partie versante.

ART. 12.

Les coupons des certificats seront quittancés, pour le caissier central, par le chef de la sous-caisse des recettes, qui pourra se faire suppléer par le sous-chef de la même caisse. Ces coupons, dont la forme est déterminée par le modèle du certificat, seront visés par le contrôle qui en détachera les talons et les transmettra à la direction de la comptabilité générale.

ART. 13.

Les comptoirs chargés de recevoir les versemens sur l'emprunt seront ouverts à neuf heures du matin et fermés à deux heures après midi. Néanmoins, les personnes entrées avant deux heures ne pourront être privées de la faculté de consommer leur versement.

ART. 14.

Les versemens ne seront admis par la sous-caisse des recettes et le comptoir auxiliaire que pour l'intégralité d'un ou plusieurs termes de l'emprunt.

Art. 15.

Dans le cas où les parties feraient entrer dans leurs versemens des valeurs échues dues par le Trésor, ces valeurs ne seront admises qu'avec l'autorisation du caissier central : elles seront ramenées à l'état de comptant au moyen d'un virement préalable et dûment contrôlé entre la sous-caisse chargée de les acquitter et la sous-caisse des recettes en espèces. Lorsque des valeurs dues par le Trésor ne seront pas échues, l'escompte devra en avoir été autorisé par le directeur du mouvement général des fonds. Cet escompte sera fait dans les formes ordinaires et constaté distinctement, sans que les recettes sur l'emprunt, qui devront toujours être présentées intégralement, puissent en être affectées ou modifiées.

Art. 16.

Les versemens dont le ministre pourrait autoriser l'anticipation sous escompte seront également reçus et enregistrés pour l'intégralité de chaque terme acquitté, sauf à la caisse à faire dépense du montant de l'escompte bonifié par le Trésor.

Art. 17.

Les bordereaux des escomptes formant recette pour le Trésor seront dressés, suivant les formes établies, par les soins du caissier central, dans les sous-caisses compétentes, et seront régularisés, pour chaque journée, par l'autorisation du directeur du mouvement général des fonds. Les décomptes d'intérêts à la charge du Trésor seront préparés par les bureaux de la caisse centrale, vérifiés et arrêtés par la direction du mouvement général des fonds.

Art. 18.

Les intérêts dus par le Trésor seront calculés d'après le décompte, dont le modèle sera fourni par la direction du mouvement général des fonds.

Ce décompte sera employé pour toutes les sommes à ramener au comptant, conformément à l'article 15.

Art. 19.

Lors du paiement des troisième, septième et treizième termes, les porteurs de certificats seront admis à précompter les arrérages des semestres échéant les 22 septembre 1832, 22 mars et 22 septembre 1833, pour les coupons qui n'auront point été détachés des certificats.

A cet effet, ils établiront, indépendamment du double bulletin mentionné à l'article 11, qu'ils auront également à fournir un bordereau distinct de pré-compte. Ce bordereau indiquera, par certificat, le nombre de coupons non-détachés ; il sera certifié et quittancé par les parties.

Chaque soir, la caisse fera dépense du montant des arrérages précomptés dans la journée ; elle en sera couverte ultérieurement par le payeur central du Trésor, sur la remise des bordereaux de précompte quittancés.

Art. 20.

Le caissier central, indépendamment des écritures générales et sommaires auxquelles il est tenu, fera établir à la sous-caisse des recettes un livre de détail, dans lequel seront décrits, par ordre chronologique, avec les numéros et sommes, les versemens effectués à cette sous-caisse.

Les mêmes renseignemens seront reproduits dans les sommiers, qui devront présenter distinctement, par chaque terme et par numéros d'ordre, les verse-mens imputables sur chaque coupon de certificat, le total par journée et le total général par terme.

Enfin, les sommes à recouvrer sur chaque certificat et sur chaque terme seront l'objet d'un carnet d'échéance, sur lequel seront inscrits les versemens effectués dans l'ordre de leur réalisation. Ce carnet d'échéance devra être tenu constamment à jour pour présenter, à toute époque, la situation de chaque certificat.

Art. 21.

Le caissier central remettra, chaque jour, à la direction du mouvement général des fonds, en outre de ses situations ordinaires, et à l'appui de la copie du journal de la sous-caisse des recettes, une copie du livre de détail prescrit par l'article 19.

Il dressera, à la date du 20 de chaque mois et remettra, à la direction du mouvement général des fonds, l'état par numéros des certificats en retard de paiement et des sommes restant dues sur chaque terme.

Il fera connaître, tous les jours, à la direction de la comptabilité générale, le montant des recettes effectuées sur chaque terme.

Art. 22.

Le contrôleur des caisses fera enregistrer les recettes provenant de l'emprunt sur des feuilles particulières de journée , d'après les bulletins de versemens présentés au visa du contrôle. Ces feuilles contiendront des colonnes destinées à recevoir, après les opérations de la journée et au moyen du classement par termes des coupons quittancés, l'indication des versemens effectués sur chacun de ces termes. Le contrôle suppléera , à cet égard, la direction de la comptabilité générale, et fournira chaque jour à la direction du mouvement des fonds le relevé sommaire de ce travail.

Art. 23.

Les directions de la dette inscrite , de la comptabilité générale et du mouvement général des fonds , le caissier central , le contrôleur des caisses et le payeur central , sont chargés, en ce qui concerne leurs obligations respectives, de l'exécution du présent arrêté.

www.ingramcontent.com/pod-product-compliance
Lightning Source LLC
LaVergne TN
LVHW052030060726
842528LV00002B/700